日本の分断

切り離される非大卒若者《レッグス》たち

吉川徹

光文社新書

はじめに

自己紹介の難しい時代

いささか唐突ですが、もし今、「自己紹介をしてください」といわれたら、あなたはどんなことを話しますか？

まず、生年月日、身長や血液型、趣味、好きな食べ物などが頭に浮かぶかもしれません。

ただし今の時代、こうした個人情報を不用意に公表するのは控えたほうがよいといわれます。それはそのとおりなのですが、ここでの本題はこのことではありません。

あなたは、これらに加えて、出身地や出身校、「コンビニ店員をしています」「教員です」というような職業や、「母親です」というような家族役割、あるいは「○○のＮＰＯで活動していますというような所属組織など、あなたと社会のつながり方を示すプロフィールを頭に浮かべるでしょう。

自己紹介で言葉にしようと思ったということは、これらはあなたにとって大切なアイデンティティだということです。21世紀の社会学理論は、このような個人のアイデンティティが、以前より捉えにくいものへと性質を変えていることを、異口同音に指摘しています。

個人と社会のつながりが固定的であった20世紀には、自己紹介の内容はそうそう変わるものではなく、暗唱できるほど確かなものでした。そもそも、個人の暮らしぶりは周囲から丸見えでしたから、自分の社会的な立ち位置を隠し立てする必要もありませんでした。

しかし現代社会では、個人と社会のつながりは、多元的で複雑になり、同時に、一過的で弱々しいものへと変わっています。しかもそれが他者からはみえにくくなっているのです。そのため若い人の自己紹介は、「自分が最近ハマっているのは○○のゲームアプリで、気が向いたときに、インスタグラムに△△関係の写真を上げています。最近印象的だった出来事は……」というようなコンサマトリーな（現在志向の）状況説明になってしまいがちです。

そして、このように一人ひとりのアイデンティティの多元性、軽薄性、流動性、不可視性が高まっていき、社会がそういう個人の寄せ集めになると、自分たちが生きる社会全体の姿を捉えることも難しくなっていきます。これもやはり、多くの社会学理論で指摘されていることです。

このような不透明化の進行の陰で、現代日本は分断社会への歩みを進めつつある――。本書では、最新の社会調査データを手がかりに、この時代の動きを示します。

変わりやすいものと、変えようのないもの

個人と社会の接点には、2つのタイプがあります。変わりやすいものと、変えようのないものです。

たとえば、仕事や年収は、ある人が産業経済セクターのどのあたりにいるかを示していますから、とても重要な属性だとされています。しかしこれらは、今の社会では本人の意思にかかわらず、絶えず移り変わる性質を帯びはじめています。

仕事については、部署が変わったり、昇進したり、転勤があったり、転職したり、失業したりすることがずいぶん増えました。実際に、ほぼ毎年のように名刺を作り変えているというビジネスパーソンも少なくないはずです。

年収も、仕事や雇用先の状況によって不規則に変化します。家族の形態や、夫、妻、父、

母、子という家族役割も、社会参加活動や趣味などへのかかわり方や交友関係も、人生の経過に合わせて変わっていきます。

これらは、従来は「ステイタス」、つまり「社会的地位」だとみなされていたものですが、流動化が進んだ現代社会では、これらはむしろ「ステイト」、つまり「状態」と呼ぶべき、うつろいやすい性質を帯びはじめているのです。

けれども、翻《ひるがえ》って考えてみると、どの世代に生まれたかという生年、男女のジェンダー、そして社会人になるときにだれもが手にする最終学歴などは、人生の途上ではほとんど変わることがありません。それゆえに、わたしたちはこれらを重要なアイデンティティだとみるわけです。意外に思うかもしれませんが、社会が流動化すればするほど、こうした変わらない基本属性が、わたしたちを社会に結び付けるはたらきは強まっていくのです。

ここで示した、変わりやすいステイトと、変えようのないアイデンティティという区別は、至極《しごく》当たり前の整理法ですが、意外に見過ごされがちな考え方です。現代日本社会のトップイシューのひとつである格差社会の語られ方についても、そのことを指摘できます。

格差が分断になる理由——人生の「受け皿」の違い

格差についての議論や問題提起は、もう長い間尽きることがありません。それは、とかく人びとの関心を呼び起こしやすいこの言葉が、何でも詰め込むことのできるマジックワードになっているからです。

そのカラクリの一つは、格差といわれているものの少なからぬ部分は、正確には「学歴差」と呼ぶべきものだということです。

学校教育は、同じ年に生まれた人たちを序列付け、学歴というラベルを貼って、社会に送り出すはたらきをしています。この機能が作動しているかぎり、格差社会はなくなるはずなどないのです。しかも日本社会では、学歴が他の社会よりも重みをもっていますので、人生のさまざまな局面に学歴によるギャップが生じています。

つまり、いわゆる格差社会論は、そもそも解消しえないものごとに注文をつけているのですから、議論のタネは永遠に尽きない、というわけです。これが学歴分断社会という考え方です。

もう一つのカラクリは、格差社会論が、固定化と流動化という一見すると正反対のベクトルの同時進行を論じるものだということです。

たとえばある説では、格差社会では人びとの暮らしがどんどん流動化しているとされます。そして、個人と社会の関係が不安定になっていき、今までどおりの生活を維持できなくなるリスクが増大していることがいわれます。

しかし別の説では、逆に格差社会の進行によって、人びとの立ち位置が固定化していくことが危惧《きぐ》されます。こちらは、人びとのチャンスやメリットに不当な偏《かたよ》りがあることはわかっているのに、その修正が難しいということを述べたものです。

どちらもおおいに実感を伴うものなのですが、それでは一体、現代日本社会は流動化しているのだろうか、固定化しているのだろうかと、わけがわからなくなってしまいます。

けれども、うつろいゆくステイトと、変えようのないアイデンティティの区別を踏まえれば、次のように考えることができます。

液体であれ、ゼリー状のものであれ、粉末状のものであれ、形の定まらないものを扱うには、入れ物が必要です。それと同様に、流動的なステイトは、生涯変わらないアイデンティティに受け止められているとみることができます。

具体的にいえば、「1983年生まれ・大卒・女性」というような固定的プロフィールが、人生のチャンスやリスクの「受け皿」の役割を担っていて、そこに職歴や経済力や社会関係、家族構成、社会意識やライフスタイルなどの流動的な要素が、人生の経過に伴って蓄積されていくということです。

ただし、それぞれの人がもっている「受け皿」の形は同じではなく、口径や深さなどの収容力が異なっています。そのため、そこに入ってくるチャンスやリスクやメリットの質や量が人によって異なってくるのです。しばしば問題にされる階層固定化というのは、この人生の「受け皿」が親世代から受け渡されている、ということを指摘するものです。

このように考えると、流動性が高まった格差社会で不平等が固定化していく、という一見矛盾しているように聞こえるプロセスについて、次のように諒解《りょうかい》することができます。現代日本社会では、固定的な人生の「受け皿」の収容力の違いが大きくなっており、流動性を高めた人生の要素が、そこに次から次へと振り分けられる。個人の人生に、克服しがたい不均等が生じるのはそのためなのだ――。

そうだとすると、流動化や不安定化に目を奪われるのではなく、取り換えることのできないアイデンティティに基づいた、人生の容量の異なりの深刻化を見定めることが先決です。

以上をふまえて、現代日本社会は、格差社会というより、分断社会と呼ぶべき様相を呈しはじめているとみているのです。

本書の意図――明日の日本の姿を知る

本書では、忍び寄る分断社会の実態を、グラフや数字などの目にみえるかたちで示し、多くの人に、近未来の日本を支えるための心構えをもってもらおうと考えています。

その際、どのような社会構造を論点とするかということについては、たとえば居住地域であるとか、配偶者の有無とか、家族構成とか、さまざまな可能性を考えることができるでしょう。本書ではそのうちの、「生年世代」「男女のジェンダー」、そして「学歴」に焦点を絞っていきます。

どうして他のものではなく、この3つをみるのかということの根拠は、後ほどあらためて説明しますが、「生年世代」の新旧は、時代の流れと人生を考えるための手がかりであり、「男女のジェンダー」は、社会の半数を構成する不可欠のパートナー間の関係性を表しています。そして「学歴」は、良いか悪いかは別として、親が子どもに社会的地位を受け渡す際の有力な手段となっていて、社会に出てからは人生の「切り札」となります。

これらは、容姿や生まれ育ち、趣味などのいわゆる「個性」とは違って、あらゆる人を整理することができる、アイデンティティの「共通規格」というべきものです。それゆえに、履歴書やプロフィール欄の定番項目ともなっているわけで、その重要性に疑う余地はありません。

本書の構成は次のようになっています。

「第1章　忍び寄る次の時代」では、わたしたちが生きる今という時代を、世界的な分断社会の潮流、団塊の世代の退出という国内事情、ひいては20世紀近代という時代との訣別から説き起こして描写します。

「第2章　現役世代の再発見」では、最新の社会調査データから、「脂の乗った部位」を切り出し、生年世代と男女のジェンダーを軸に、現代日本社会の姿かたちを確認します。

「第3章　学歴分断社会」では、現代日本の分断をみるカギとなる、大卒／非大卒の学歴分断の実像を示します。こうして見極めた、現役世代の上下の世代区分、男女のジェンダー、学歴分断という3概念は、そのままデータ分析のフレームへと組み上げられていきます。

第4章と第5章は、データが示す実態をみる章です。2015年に実施された「SSM2015」と「SSP2015」という2つの大規模階層調査が描き出す、最新の現代日本社会の姿を、約100ページにわたってグラフによって解説するかたちで進んでいきます。

まず「第4章　人生の分断」では、人生の有利・不利、蓄積されるメリットやリスクの多寡が論点となります。続く「第5章　分断される『社会の心』」では、人びとの心のあり方と、日常の活動の様子をみていきます。

いずれも、日本社会を支える「8人」のレギュラーメンバーの人生・生活を考える、というかたちを一貫してとっていますので、分析結果は、ページをめくっていくだけで、「うん、あるある！」という実感とともに、だれにでも理解できるはずです。

けれども、読み進めていくにつれて、わたしたちの眼前には、分断社会日本の思いがけない実像が立ち現れてきますので、やがて笑っていられなくなります。

結論にあたる「第6章　共生社会に向かって」では、忍び寄る分断社会を、共生社会へと導くために、そこで生きていくわたしたちがもつべきリテラシーと心構えを提案します。その際に焦点となるのは、本書の副題にある「非大卒若者《レッグス》（LEGs: Lightly Educated Guys）」という社会集団の存在です。

読み終えると、分断社会日本が抱えるレッグスにまつわる諸課題を、だれかに話したいという気持ちになるかもしれません。そうなれば、著者としては望外の喜びです。

日本の分断——目次

第2章　現役世代の再発見 ―― 42

第3章　学歴分断社会——83

第4章　人生の分断 —— 112

第1章　忍び寄る次の時代

分断社会という潮流

２０１６年のトランプ大統領の選挙戦以降、「分断」という言葉をよく耳にするようになりました。

もともとアメリカは、エスニシティや階級の境界が、日本よりもはっきりした社会です。そのため以前は、「人種のるつぼ」というようにいわれて、境界のない融合がめざされていました。けれどもこの20年ほどの間に、人びとの間の異なりを尊重する共生社会をめざすべきだということから、「民族のサラダボウル」という表現が定着しました。

裏を返せばこれは、アメリカ社会には触ってはならない古傷のようなものがあって、だれもがさりげなくそのことに気を配ってきたということです。にもかかわらず、トランプ大統領があえてそこを刺激したので、その古傷が少しうずきはじめた、というのが現在のアメリカの分断危機です。

国民国家の内部の分断への気付きは、世界的な潮流でもあります。2016年のイギリスの国民投票によるEU離脱方針の決定、2017年のフランスや韓国の大統領選挙、カタルーニャのスペインからの独立の動き、国家といえるのかどうかはわかりませんが、シリアとイラクにまたがる地域を一時支配していた武力勢力IS（イスラム国）の存在などは、これまで一枚岩であるとみられていた国民国家が、いずれも「社会の心」（社会意識）の分断を抱えていたという内実を思い知らされる出来事でした。

この数年の世界情勢としては、EUの存立危機でも、TPP協定締結の難航でも、アメリカの気候変動抑制をめざすパリ協定からの離脱表明でもそうですが、グローバル化一辺倒だった風向きが変わり、自国優先の保護主義が強まる気配がありありと見受けられます。そうなるとこの先は、自国内の「社会の心」の統合性を再確認する動きが、一段と活発になっていくでしょう。

では、わたしたちの日本社会は大丈夫なのでしょうか。日本と他社会とでは、移民をめぐる歴史やエスニシティ（民族）の構成比率が違うし、貧富の差のかたちも違いますから、分断社会の到来を心配する必要などないのでしょうか。

私は、まったく大丈夫ではないとみています。むしろ、静かだけれども確実に進行しつつある分断状況に、だれもが気付かなければならない局面にあるといえるでしょう。

とくに注視すべきは、日本社会を支えている現役世代の内部の分断です。

タテの構造を語る言葉

そもそも、「分断」とはどういう状態をいうのでしょうか。

社会学では、社会のしくみを成り立たせている屋台骨として、地位の上下、つまりタテの構造を最も重要なものとみてきました。資本家、中産階級、労働者階級、下層階級という階級の切り分け方は、だれしも聞いたことがあると思います。これは日々の職業生活の格差をみたもので、突き詰めていえば、わたしたちと産業経済システムのかかわり方だということになります。

近代産業社会の立ち上がりの時期に、このタテの構造にいち早く注目したのは、よく知られる経済学者のＫ・マルクスでした。現在そこには、職業的地位に加えて、お金をめぐる貧富の差（所得や資産）、そして学歴、生年世代、男女のジェンダーが重なり合った構造が見出されています。これは階層構造と呼ばれたり、社会経済的地位（SES: socio-economic status）と呼ばれたりするもので、そのかたちと動きをみるのが、社会階層論という分野です。

日本社会の階層のかたちについては、時代によっていろいろな表現がなされてきました。１９７０～８０年代には、高度経済成長を経て、日本は「総中流社会」になったといわれていました。メディアでは「一億国民」が均質で平等な中間層を形作っており、だれもがそれなりに豊かな生活を営むことができるようになったとさかんに報道され、国民もそれを実感できていた時代です。

その豊かさ拡大の頂点が、１９８０年代後半のバブル経済です。この時代がバブルと呼ばれるのは、何かの液体がかき回されて泡立ったときのように、本当は中身が詰まっていないのに、体積だけが大きくみえる経済状態にあったためです。それまでは安定した構造をもっていた日本社会が、このバブル経済を機に流動化していった経緯は、そう考えれば得心がいくはずです。

そこから今日までは、「失われた10年」「失われた20年」……いやいや平成の30年は、ずっと失われた時代だった、といわれるほど、成長を実感できない時代が長く続いています。この間に、総中流言説はすっかり影を潜め、時代を語るキーワードは「格差」へと移り変わりました。

明るく力強い総中流と、陰鬱《いんうつ》で停滞感のある格差という言葉は、それぞれの時代の空気を表象するものですが、社会経済的地位のタテの構造に視点を定めているという点では、同じ概念の表裏に他なりません。

近年では、社会の最底辺で生活する人たちにも目が向けられるようになり、相対的貧困、ワーキングプア、貧困の連鎖、子どもの貧困、下流老人、アンダークラスなどの新しい問題が指摘され、さまざまな支援活動や対策が考えられるようになっています。こうした貧困問題もまた、急に生じたというわけではなく、日本社会のタテの構造が以前から抱えていた問題に起因していますから、やはり階層構造の一角をなすものだということになります。

少し時代を遡《さかのぼ》ると、１９６０年頃までの戦後社会では、「労働者」対「資本家」というような階級集団の対立がしっくりくる説明だとされていましたし、江戸時代まで戻れば、「武家」とか「町人」という身分が、社会経済的地位の固定した構造であったわけです。

このように、日本社会の上下の秩序を語る言葉は、封建制の身分社会→階級社会→総中流社会→格差社会→貧困社会と、その時々で表現を変えてきたとみることができます。
話を本筋に戻すと、この先ではそれが分断社会になる、というのが私の見立てです。

分断の四要件

分断という言葉は、格差や階級よりも強い響きをもっていると感じると思います。ただ、定義がはっきりした専門用語ではありませんので、世間で使われているニュアンスを考慮しつつ、ひとまず整理しておきましょう。

社会が「分断されている」というとき、英語ではディビジョン（division）、もしくはディバイデッド（divided）と表現します。トランプ大統領の施政方針については、アメリカ合衆国の正式名称である「United States of America」になぞらえて、「Divided States of America」と皮肉られました。また、分節化という意味のセグメンテーション（segmentation）もこれと近い状態を指しています。

「分断」は、４つの点で「格差」や「階級」という言葉をしのぐ、特有の意味をもっています。

第一は、**境界の顕在性**です。これは、集団を切り分ける分断線が、当人たちにとってはもちろん、客観的にみたときにも、疑う余地なく実在しているということです。そしてそれは通常、社会の周縁部分ではなく、社会の主要部分を大きく切り分けるところにあります。その本数は、何本もあるわけではなく、せいぜい数本まででしょう。区切られた集団の数があまりに多くなる場合は、分断ではなく多様化という別の問題になるからです。

このように考えると、男性と女性のジェンダーの間には、確かに分断の素地があるといえます。アメリカ社会ならば、白人と有色人種というエスニシティ境界や、アメリカ市民権をもっているかどうかということが、自他ともに意識している集団の境目となっていますから、そこに分断があるとみることができるでしょう。

しかし、年収が１０００万円以上かどうかということは、額面上区切りがよいというだけですから、社会的な線引きとしては明確ではありません。これを分断線だとみるのには注意が必要です。

第二は、**成員の固定性**です。これは、人生の途上で集団間を行ったり戻ったりできないということで、言い換えるならば、分断線が克服しがたい障壁になっているということです。さらにこの成員の固定性は、必然的に、自分はこの集団に帰属しているのだというアイデンティティを育《はぐく》みます。

ということは、結婚しているかどうか、子どもがいるかどうかという、人生の途上で変えうる／変わりうる状態についていては、分断というと少し強すぎるということになります。同じように、正社員と非正規社員の間のチャンスやリスクやメリットの異なりも、とても重要な問題ではあるのですが、分断という表現にはそぐわないものだといえます。なぜなら、この二つの雇用形態を分ける境界線が、成員の行き来を妨げる障壁だとまではいえないからです。

雇用をめぐる問題のひとつは、正規と非正規の間に流動的な行き来がありえて、いつ、いかなる理由でそれが生じるかもわからないので、雇用環境全体が不安定になり、労働者の不安が高まっているということです。よって、正規職／非正規職というのは、働き方の有効な区分であることは確かですが、人に張り付いた「ラベル」ではないのです。

これに対して、男女のジェンダーは、ＬＧＢＴ（性的少数者）への配慮は必要ですが、基本的には人生の途上で入れ替わりません。生年コーホート（同年集団）も、構成メンバーが入れ替わることなく年を重ねていきます。

そして社会経済的地位の上下にかんして、そうした固定性が高いのは、職業や収入ではなく、それらの根源にある学歴です。なぜならば、日本では一度学校を卒業・修了すると、人生の途上で学び直す人はそう多くないからです。それゆえに、社会に出るときに手にした最終学歴は、わたしたちと社会の不動の接点となるのです。

第三は、**集団間関係の隔絶**です。これは、境界の顕在性、成員の固定性ともおおいに関連するのですが、それぞれの集団に属する人びとの間の交わりが少ないということです。ライフという英語は、日本語では人生と日常生活という２つの言葉になります。そのどちらの意味においても、「あちら側」にいる人たちのことをよく知らない、つまり人生の経路が交わらず、日常生活でも交流が少ないというのが分断状態です。

たとえば、都市部に住むホワイトカラー層は、地方の暮らしを守っているブルーカラー層の存在を気に留めていない、バブル世代は、ゆとり世代の日常を理解できない、独身男性は、既婚女性の暮らしぶりをよく知らない、大卒同士の夫婦には、非大卒同士の夫婦の子育て戦略がよくわからない……というような状況が、集団間関係の隔絶にあたるものです。

そして第四は、**分配の不均等**です。たとえ社会が異質な集団で構成されているとしても、集団間に優劣がなく対等な関係にあるのならば、問題はさほど深刻ではありません。大学の学部の文科系専攻と理科系専攻とか、東日本と西日本とか、右利きと左利きなどは、そうした穏便な関係性だといえるでしょう。男女のジェンダーが目指している理想も、こうした関係なのだと私は理解しています。

けれども、チャンスやリスクやメリットの振り分け具合について、どちらの集団のほうが有利なのかがはっきりしていて、その隔たりの大きさが深刻であるときは、それは是正すべき不公正だといえます。分断は、そのようなタテの関係性を社会的な課題として考えるための言葉なのです。

以上をまとめると、分断社会とは、社会に顕在するアイデンティティ境界に基づいて、相互交流の少ない人びとの間で、不平等が固定している状態だと定義することができます。

一見するとこれは、一昔前に人びとに好んで使われていた「階級社会」という言葉と重なりをもっています。けれども、日本社会では、総中流やバブルや格差が散々いわれた末に、あらためてこの構造が進行しつつあるのですから、単なる時代の逆行とみるのでは済まされません。

今、格差社会に続いて分断社会という言葉が使われるようになったのは、手垢《てあか》のついていない別の言葉を使うことで、新たな課題に目を向けようとしているからなのです。

団塊の世代の退出——次世代の日本が姿をみせる

分断社会は、すでに随所でその兆しをみせはじめているのですが、その本格的な到来を考えるためには、時代を少しだけ先に進めなければなりません。そのためにここでとる「戦略」は、団塊の世代が退《しりぞ》いた後の日本社会の構成を考えるということです。

団塊の世代とは、1947〜49生年、もしくはその周辺の、同年人口の多い生年世代を指しています。その数は800万人とも1000万人ともいわれます。この世代の人口が多いのは、終戦により平和な時代が到来し、戦地に赴《おもむ》いていた男性たちが復員してきて新生児出生数が増え、乳幼児死亡率も戦中より大幅に低下したためです。周知のとおり、この現象は第一次ベビーブームと呼ばれています。

以来、70年を経た現在まで、日本の人口ピラミッドで同年人口が最も多いのは、いつの時代もこの生年世代で、今日でも日本の成人全体の一割以上を占めています。（図1‐1）。それゆえに、この世代を視野の外において日本社会をみるということは、これまではありえなかったのです。さらに、人口規模が大きいだけではなく、その名が示すとおり、生年世代全体でマス（大衆集団）化していることも、団塊の世代の特徴です。

まず、団塊の世代をめぐる20世紀後半の時代の流れを概観しておきましょう。

かれらの幼少期は、1950年代もしくは昭和30年代にあたります。政府は、この世代の学年進行に合わせて教育制度を拡充し、高校進学率は70％近くにまで拡大しました。さらにその先では大学進学が過熱し、受験地獄がいわれるようになりました。ただし、短大・大学への実際の進学率は20％前後で、まだそれほど高くはありませんでした。

１９６４年に開催された前回の東京オリンピックは、当時ハイティーンであった団塊の世代を主たるターゲットに見立てたものでした。来たるべき社会の主役となるかれらの、日本人としてのアイデンティティを高揚させ、国際化を後押しし、スポーツ文化の普及と健康増進を図り、首都の都市インフラを整備することを目論《もくろ》んだ、国家的なイベントだったのです。

話が脇道にそれますが、それから56年を経て再び開催されようとしている２０２０年東京オリンピックでは、若年層の人口規模は、団塊の世代の半数強にすぎません。しかも、かれらは小さい頃から日常的にスポーツに親しみ、国際経験も豊かです。新幹線、空港、高速道路、国際競技場などのインフラも、すでに世界有数の水準で整備されています。

それゆえに、前のオリンピックと比較したとき、だれにいかなる「レガシー（意義ある遺産）」を残そうとしているのか、よくわからないという批判が出てくるわけです。

その後、時代は１９７０年代へと進みます。ここではカウンターカルチャー、サブカルチャーが大きく花開きました。ファッションや音楽、映像や雑誌などが、かつてないほど大きな動きをみせたのです。このとき新しい文化のけん引役だったのも、やはり団塊の世代です。

図1－1　現代日本の人口ピラミッド（2016年10月1日現在）

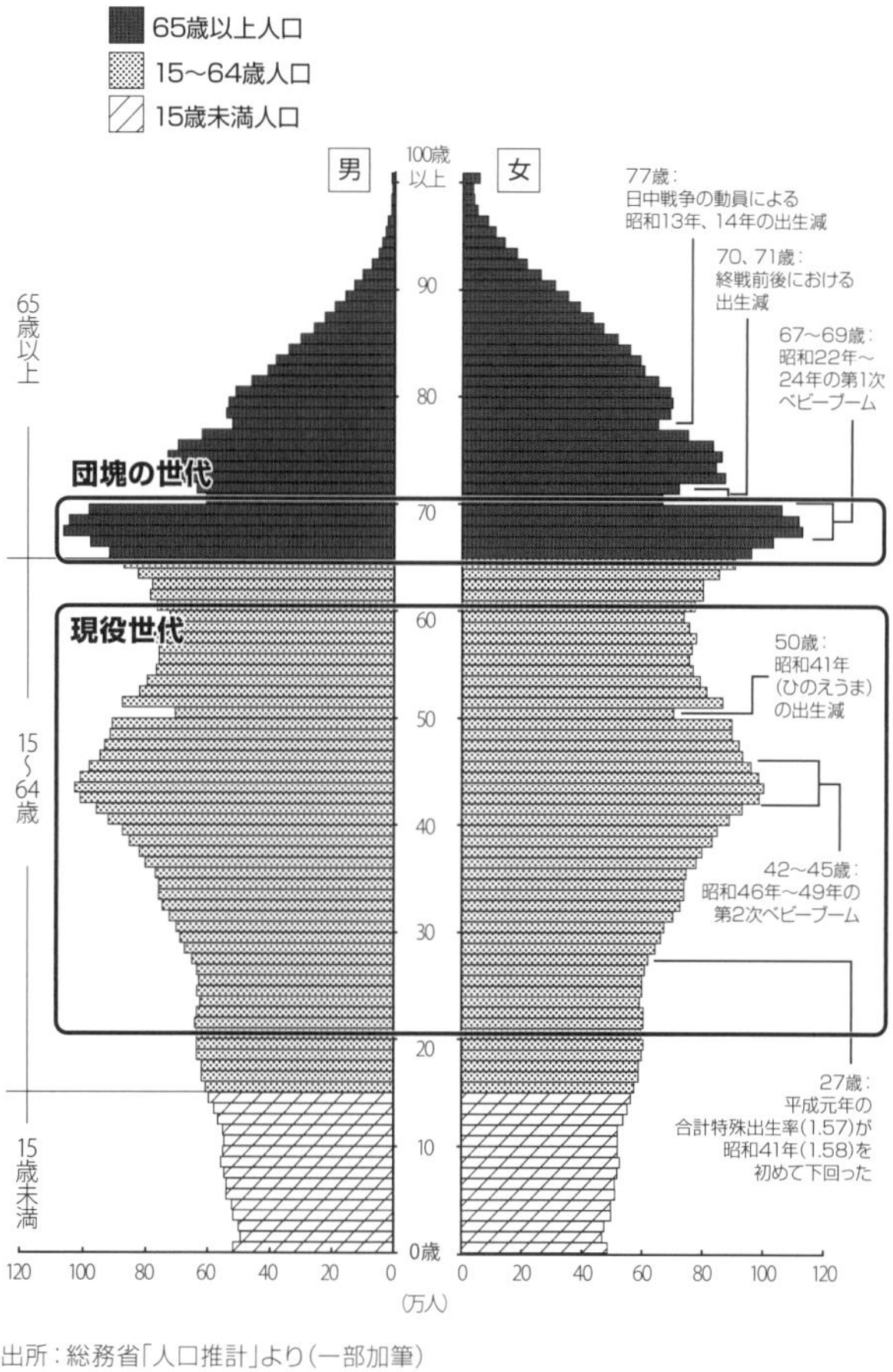

出所：総務省「人口推計」より（一部加筆）

大量生産・大量消費の時代に、新製品のメディア広告に敏感で、ヒット商品開発の顧客ターゲット層となり、大衆的な流行現象を生み出す原動力になったのも、このとき若者だった団塊の世代でした。

転じて今日の若者をみると、若者の活字離れ、若者のクルマ離れ、若者のアルコール離れ、若者の政治離れというように「若者の○○離れ」という表現がしばしばなされるようになっています（浅野智彦 2016）。これは若い世代が社会的な活動全般に消極的になり、文化が多様化していることを端的に示すもので、まったくそのとおりだなと思います。

そのうえで思い至るのは、この変化の基準になっている「さかんに○○をしていた若者」とは、団塊の世代のことなのだということです。つまり、昨今の若者文化のよどみの背後には、団塊世代が主導した、20世紀近代のわかりやすく力強い文化現象が過去のものとなりつつあることがあるのです。ですから、この現象は「若者の団塊離れ」と意味づけることができるかもしれません。

少し視点を変えると、現在の地上波テレビの番組制作にも、かれらのプレゼンスの大きさをみることができます。近年、地上波テレビでは、高齢者向けの健康情報、１９６０～７０年代を舞台としたドラマ、昭和のアイドルの往年の映像などが増えています。コマーシャルでも、高齢層向けの商品やサービスを多くみかけるようになりました。これは、作り手側が、高齢期を迎えた団塊の世代の視聴者の数の多さを意識しているためです。今の若者たちが、ＳＮＳやコンテンツ配信などの、パーソナル化したソーシャル・メディアの申し子であるのと同じように、団塊の世代は、テレビに代表されるマス・コミュニケーションの申し子だといえます。お茶の間で観るリアルタイムの地上波全国放送は、かれらの生活には欠かせないアイテムなのです。

政治については、自由民主党を主軸とする保守系与党と革新系野党の政治対立、いわゆる「五五年体制」が40年も継続したことに、団塊の世代の力を垣間見ることができます。かれらは、学生運動の最盛期、そして企業別労働組合の組織率も高かった時代に社会化されているため、高い政治的関心と参加意欲をもっているのです。当然ながら、その政治への志向は、保革、東西、左右……などといわれた、自由主義と社会主義のイデオロギー対立の枠組みに従ったものでした。このときの社会でタテの構造を語る際のキーワードこそが、先に触れた「階級」だったわけです。

この体制が崩れてしまった現在でも、生年世代別の国政選挙の投票率をみると、団塊の世代の政治的積極性は持続していることがわかります。

たとえば、２０１４年の第47回衆議院選挙では、有権者全体の投票率は約53%、20代前半ではおよそ30%でしたが、団塊の世代周辺の生年では約70%でした。そもそも票数が多いわけですから、かれらの動向は、この先もしばらくは政治を左右する大きな力を発揮し続けるでしょう。

雇用や就労については、かれらの人生は、日本的雇用慣行の典型世代にあたるということが重要です。男性についてみると、生涯転職数は今の若い世代よりずっと少なく、年功序列賃金制の定期昇給の末に退職金を得ることができた、という人が多かったとされています。

ジェンダーについては、「女性は主婦として家庭を守るべきだ」という近代家族の性役割規範を念頭に置いて、ライフステージを選択した世代にあたります。この価値観に従うか、否定するかはさまざまでしたが、自分たちの生き方としてはもちろん、親世代と自分たちの関係でも、自分たちと子世代との関係でも、だれもが男と女の役割分業のあり方に明確な気付きをもった最初の世代だったといえるでしょう。

家族と子育てにかんしては、夫婦と子ども2人という核家族の形態、雇用の継続と定期昇給を見越して、郊外の住宅地に長期のローンを組んで持ち家を買うという資産設計などが、団塊の世代にあてはまっていたモデルです。そこで、かれらが同世代同士で結婚して営んだ子育てが、すなわち団塊ジュニア世代の生育環境に他なりません。そこでは、親としてのかれらの高い大学進学志向が、団塊ジュニア世代の大学進学率を、自分たちの世代のほぼ2倍にあたる40%という水準にまで押し上げたのでした。

つまり団塊の世代は、日本社会の核家族化、郊外化、高学歴化を担った人びとであるわけです。

けれども、さかんにいわれているとおり、団塊の世代の人生は2025年頃までに「最終章」へと進みます。75歳以上の後期高齢者になれば、かれらの活動量は徐々に低下し、社会的役割を手放し、プレゼンスは否応なく小さくなっていくでしょう。

これは、明らかにひとつの時代の終焉だといえます。そして団塊の世代が去ると、霞《かすみ》が晴れたように、次世代の日本社会が姿を現すことになります。

スポーツの団体競技にたとえれば、長年チームをけん引してきた主力メンバーが現役を退き、新監督の下で一からチーム作りをするときに似ています。そこであらためて現有勢力をみると、これまで目配りしていなかった課題が表面化してくる、ということはよく聞く話だと思います。

団塊の世代の退出を機に、新しいタイプの分断社会が到来する、という私の見通しの根拠はここにあるのです。

「○○じゃない時代」の先へ——新しいメンバーは20世紀を知らない

ここまでの話の流れから、団塊の世代を視野から外すというのは、昭和、あるいは20世紀を振り返らないということなのだ、と気付いたのではないかと思います。

「今さら20世紀でもなければ、昭和でもないだろう」という人もいるかもしれません。けれども、以下に述べる事情から、この時代を顧みない、と言い切るのはなかなか勇気のいる決断なのです。

20世紀近代というのは、伝統社会を起点として、社会のしくみが機能性と合理性を高め、人びとの暮らしが豊かで便利なものに急速に変わっていくという、力強い社会変動のベクトルの上にあった時代でした。日本でいえば、戦後復興から高度経済成長を経てバブル経済までがこれにあたります。

この時代について、21世紀の視点で振り返るときに、社会学者は「第一の近代」と呼びます。これは、モダニゼーションの社会というほどの意味です。

これに対して、そんなシンプルなベクトルの継続をもはや信じることができなくなっているというのが、現在の社会状況です。イギリスの社会学者A・ギデンズ（1990, 1991）は、近代社会がその進歩を突き詰めた先で、異なる社会のしくみへと再編成されていくことを、「再帰的近代（ハイ・モダニティ）」の到来だといっています。

同じような時代認識は、社会の液状化を指摘した同じイギリスの社会学者Z・バウマン（2001）や、リスク社会の到来に警鐘を鳴らしたドイツの社会学者U・ベックら（2002）も抱いていて、この新しい社会状況は、ポスト近代、後期近代、第二の近代などとも呼ばれます。いずれにしても強調されるのは、20世紀近代の単純なベクトル上にはない、自分たちが生きる社会を理解することが難しい、そういう時代が到来しているということです。

なんだか今ひとつピンと来ない、という人もいるかもしれません。現実的な例を示してみましょう。

21世紀に入る前後から、日本社会において「非○○」といわれる新しいものが話題になりはじめました。たとえば、非正規雇用、非正社員、非典型家族などがそうです。NEET（not in education, employment or training：若年無業者）、NPO（non-profit organization：非営利組織）、ノンアルコール・ビールというように、Nやノンで始まる新語や表現も、「～ではないもの」という意味ですから、「非○○」と似たものです。これらはいずれも、それまでの本流だったものとは違う、新たに注目すべきものばかりです。

再帰的近代というのは、端的にいえば、この「非○○」が増えていく時代だといえます。従来のデフォルトであった近代の枠組みでは理解できないものごとが、数多く現れてくるからです。ダイバーシティ（多様性）が求められるのも、ＬＧＢＴの正当なプレゼンスが主張されるのも、同じ流れで理解できる現象です。

問題はここからです。「非○○」というのは、だれもがよく知っている○○のアンチテーゼであるわけです。ということは、従来の本流をよく知らなければ、「非○○」の位置づけを理解できないということになります。あくまでビールが存在しているから、ノンアルコール・ビールに意味があるのです。

今、現代日本は、説明がつかないまま続く「空白」の時代を迎えています。この時代を語ろうとするとき、ひとまず中身がわかっている第一の近代を基準にしよう、というのがそれを知っている世代の人たちの常道でした。これは要するに、再帰的近代は、第一の近代の存在なしには語れない時代だということです。だから、「今さら20世紀でもなければ、昭和でもないだろう」と、簡単に過去に見切りをつける勇気をもてないのです。

けれども今、第一の近代、すなわち昭和や20世紀という時代を、自らの経験として知らない若い世代がどんどん数を増しています。失われた時代、失われた世代とさかんにいわれますが、これはまさに言い得て妙だと思います。この新しい日本社会のメンバーたちは、時代変化の参照基準をもっていないため、自分たちがどこにいて、どこに向かっているのか自覚しようがないのです。

この新しいメンバーたちは、数を増しているどころではありません。この先では、団塊の世代と入れ替わるようにして、日本社会の主力とならなければなりません。

それゆえにわたしたちは、「○○じゃない時代」を語るやり方を脱し、この新しいメンバーを視野の中心で見据えながら、「○○じゃない時代」の先の日本社会について積極的に語るべき時を迎えているのです。

第2章　現役世代の再発見

最新の社会の姿を測り出す——ＳＳＭ調査とＳＳＰ調査

続いて、分断社会をみる枠組みを考えていきます。その際、どの時点の、どの世代を、いかなるデータに基づいてみていくのかということが、まずもって重要になります。はじめにそのことを示しましょう。

この先で分析するのは、２０１５年に実施された第7回ＳＳＭ調査（以下、ＳＳＭ２０１５）と、第1回ＳＳＰ調査（以下、ＳＳＰ２０１５）という、たいへん信頼性の高い大規模学術社会調査のデータです。

日本の社会学者は、10年ごとに大規模調査を実施して時代変化を計測しています。直近では２０１５年がその調査年で、50～100人規模の研究者チームが作られ、調査が実施されました。現在は、同じメンバーによってデータの解析が進められていて、私自身も、この２つの調査プロジェクトに深くかかわっています。

ＳＳＭ２０１５、ＳＳＰ２０１５は、ともに日本社会全体を対象として、最も精度の高い調査技法である層化多段無作為抽出の個別訪問面接法により実施されました。国勢調査の全国の人口を基準にして、選挙人名簿や住民基本台帳からランダムに対象者を抽出し、自宅を訪問して直接会って回答を得るというやり方です。

ＳＳＭ２０１５のほうは、「Social Stratification and Social Mobility」の頭文字をとって名付けられている、60年もの継続の歴史をもつ時系列調査で、仕事、経済状態、資産、親世代や子ども世代との関係などの情報を、信頼性の高い旧来の方法で尋ねています。このデータは、産業、経済、人口、家族などの現代社会システムの「**ハードウェア**」にあたる部分の現状を詳細に把握したいときや、日本の社会変動の数十年の長期的趨勢《すうせい》を知りたいときに有用性を発揮します。

ＳＳＰ２０１５のほうは、「Stratification and Social Psychology」の頭文字をとって名付けられた調査で、社会的態度（意見や価値観）、社会的活動の経験や頻度という現代人の主体性にかかわる多くの情報を、新たに開発したタブレットＰＣを用いた技法で、丁寧に得ていることが特長です。こちらは、現代日本人の「**社会の心**」の実像を知る際に有用性を発揮します。

本書においては、それぞれの特長を考慮して、社会的地位や生活構造の分断をみる際には主にＳＳＭ２０１５を（第４章）、社会意識や社会的活動の傾向の分断をみる際には主にＳＳＰ２０１５を（第５章）用いることにします。

付記　本書（本研究）は、ＪＳＰＳ科研費基盤研究（Ａ）（課題番号１６Ｈ０２０４５）ならびにＪＳＰＳ科研費特別推進研究事業（課題番号２５０００００１）の成果の一つであり、ＳＳＰ２０１５データの使用にあたってはＳＳＰプロジェクトの、ＳＳＭ２０１５データ（バージョン０７０）使用にあたっては、２０１５年ＳＳＭ調査データ管理委員会の許可を得ています。両調査ともに、調査報告書がＷＥＢ公開されています。巻末に示したＵＲＬから、詳細をご参照ください。

この２つの最新調査に共通する大きな特長は、１９８５年以降生まれの世代について、十分なサンプル数を確保しているということです。

大規模社会調査においては、若い世代の動向の把握はたいへん難しい課題です。少子化で

調査名	SSP2015（第1回 SSP 調査）	SSM2015（第7回 SSM 調査）
正式名称	2015年 階層と社会意識全国調査	2015年 社会階層と社会移動全国調査
実施時期	2015年1～6月	2015年1～10月
研究代表者	吉川徹（大阪大学）	白波瀬佐和子（東京大学）
サンプル設計と対象母集団	20～64歳の全国9,000名の 日本人男女	20～79歳の全国約15,000名の 日本人男女
抽出法	全国450地点の層化 3段無作為抽出法	全国800地点の層化 2段無作為抽出法
有効ケースと回収率	3,575（43.0%）	7,817（50.1%）
調査モード	タブレットPCを用いた 個別訪問面接法	質問紙を用いた個別訪問面接法と 留置き自記法の併用

表2-1　本書で分析する2つの調査データ

人口規模がそもそも小さいことに加え、調査拒否や不在が多いため、有効回収数が少なくなりがちなのです。他方で、団塊の世代などの年長世代は人口規模が大きいうえに、調査に協力的でもあるため、データが捉える「日本社会」の重心は、これまでは古いほうに引っ張られていたのです。

しかしこの2つの調査では、いわゆる「若者」について、性別や学歴で細かく切り分けてもなお、分析結果を信頼することができます。1985年生まれといえば、もう30代半ばですので、「今頃になってようやくその生年世代?」と思うかもしれませんが、じつはこの人びとについては、今までのデータでは確定的なことがいえなかったのです。

どちらの調査も、データの整理と集計が終わって間もない段階ですが、基礎分析の結果をみるかぎり、たいへん質の高いデータを収集することに成功しています。これらの最新データが手元にあることは、日本社会の近未来の姿を考えるのには絶好の機会だといえます。それぞれの調査の概要は表2-1に示したとおりです。

日本社会の主力メンバー——55~94年生まれの40生年

表2-1からわかるとおり、2つの調査は幅広い年齢層をカバーしているのですが、「団

塊の世代の退出後を考える」『若者』に目を向ける」という本書の方針に沿って、ここでは２０１５年の調査時点で60歳未満の成年、つまり、20代から50代の男女に視点を定めていきます。

　これは、生年でいえば、１９５５（昭和30）年生まれから、１９９４（平成６）年生まれまでの40生年の幅にあたります。その人口規模は約６０２５万人で、日本の総人口１億２７００万人のほぼ半数（47・４％）に相当します。残りの約半数の内訳は、未成年がおよそ２２００万人、60歳以上が約４０００万人ですから、日本社会を年齢の若い順に「２対５対３」の比率で分けたときの、真ん中の年齢層です。この先の日本社会を担《にな》っていくこの人びとを、以下では現役世代と呼ぶことにします。

　要するに、ここでは、「成人式から還暦まで」を現役世代だとみようというわけです。なお、たいへん申し訳ないことながら、若い世代に注目しようとしている関係上、２０１５年時点で還暦以上の方々は、この先の分析対象には含めないことにします。ご容赦いただきたいと思います。

　この現役世代は、産業経済セクターから退いた団塊の世代に代わって、勤労と納税の義務を果たしています。利便性を増している宅配物流業務や、飲食店やコンビニエンス・ストアの長時間の営業サービスなどの実働に携わり、ＩＣＴなどの技術革新を日進月歩で進め、国際展開する日系企業を動かしているのも、ほとんどが現役世代の力だといってもいいでしょう。

つまり、この人びとの日々のはたらきの集積が、ＧＤＰなどで示される日本の産業経済部門の実質的な駆動力となり、超高齢社会日本の福祉制度を運用可能なものにし、出産育児や学校教育を公的にサポートするための税制上の基盤になっているのです。

しかも、一人ひとりをみると、大半の人には、さまざまな健康状態や経済状態におかれている、自分自身の父母や祖父母たちがいます。同居や近居をしている場合も、離れて暮らしている場合もあるでしょうが、現在、あるいは近い将来における独居高齢者や高齢者介護の問題について、当事者としてケアのあり方を考えていかなければならないのもこの現役世代です。

他方で、３人に２人以上が自分自身の子どもをもっていて、かれらを育て、次の社会に送り出す義務と責任を負っています。加えて、多くの男女が、夫や妻という生活のパートナーとの間の役割分担を考えつつ、家事や育児を実践していますので、ワークライフバランスを考える当事者でもあるわけです。

要するに、日本の経済成長を持続・拡大させるのも、働きぶりに応じて所得税を負担するのも、超高齢社会の課題に直面しているのも、近未来の人口減少を食い止める役割が期待されているのも、世界一高いといわれる大学学費について親として負担を強いられるのも、男女共同参画や一億総活躍の実践を督励《とくれい》されているのも、すべてこの現役世代の人びとだといっても、あながち過言ではないのです。

ですから、「お年寄りや子どもたちが安心して暮らせる社会を！」などという政治スローガンはとても聞こえはよいですが、つまるところ現役世代に対して「今まで以上に、よろしく頑張って」と呼びかけているようなものなのです。ついでに言えば、「みんな働き過ぎだから、残業しないように」とか、「週休三日やプレミアム・フライデーを実践するように」……などと働き方改革を迫られているのも、やはりこの人びとであるわけです。

社会の主要部分で起きている変化に目を向ける

ここまで読んできて、私の「現役世代不遇論」に違和感をもった人があるかもしれません。というのも、今の日本では、社会の周縁部に追いやられがちな、弱者や少数者が抱える生活の困窮《こんきゅう》や生きづらさに心を配り、その深刻さに思いを巡らせる風潮が強いからです。それは具体的にいえば、自然災害や事件の被災者や被害者の方々、要介護高齢者、障がい者、病気療養中の方、ニューカマー、ひとり親家庭、児童養護施設にいる子どもたち、路上生活者などの気持ちに、だれもが寄り添おうとしているということです。これは、わたしたちの社会の誇るべき美徳だと思います。

ただし、こうした課題と比べると、社会の中ほど近くで、自分の力を頼りに暮らすことができている人たちの荷の重さが強調されることは、かならずしも多くはありません。試しに最新のニューストピックをみてみれば、日本社会の半数を占めている現役世代の暮らしぶりをめぐる話題が、いかにわずかであるかを実感できるはずです。

注目されることが少なく、自らプレゼンスを主張することもなく、黙々と日々を生きている人たちについては、サイレントマジョリティという呼び方がまさしくしっくりきます。けれども、この現役世代が基礎体力を低下させ、他者を支えるだけの余力を失ったり、やる気を失った人が増えたりしていくと、日本社会全体が回らなくなってしまいます。そもそも本書の主題である分断とは、社会の周縁で生じる繊細なものごとではなく、社会の主要部分が大きく切り分けられる現象を扱うための言葉に他なりません。

ですから、ごく普通に日々を暮らす人びとについて、人生の状態や心のあり方を正しく把握することは、見落とされがちなことではありますが、欠くことのできない課題です。そして、大規模社会調査データがその特性を最も有効に発揮するのは、この層で生じている、微《かす》かだけれども規模の大きい動きを知ろうとするときに他なりません。

交代要員はいない

この先の日本社会では、あらゆることを現役世代だけでまかなうことが難しくなりそうだということは、だれしも聞いたことがあると思います。多額の赤字国債を発行したり、年金や社会保障の制度を、少しずつ下の世代に不利な条件へと手直ししたりしているのはそのためです。しかしこれは、今日明日の差し迫った課題を、将来の自分たちや次世代へと先送りしているにすぎません。

こうした場当たり的なやり繰りを改めるには、現役世代を補強するのが一番だということはだれにでもわかります。

プロスポーツのチームなら、こんなとき、「助っ人」として外国人選手に頼ります。それと同じように、海外からの外国人労働力をあてにすることが考えられます。もしこれがうまくいけば、人口ピラミッドの少子高齢化による歪《ゆが》みを補正し、現役世代の負担を軽減する決め手になるようにも思われます。

しかし、そうした人びとの流入を積極的に受け入れていくにしても、かれらは深夜の単純労働とか、危険な建設業とか、高齢者介護とか、未就学児の保育などの不足しがちな労働負担を、わたしたちの必要に応じて受けもってくれて、要らなくなれば都合よく去っていくというわけではありません。移民は社会の底辺に居続けることを望んではおらず、そこを最初の足場にして、ホスト社会で地位上昇することを強く願ってやってくるのです。

ですから、外国人を大量に受け入れるという場合、その人たちの次世代が育まれ、長く共生していくプロセスまでを考えなければなりません。外国人労働力は、当面の「メンバー不足」を補うだけだ、とみるのはあまりに虫のよすぎる考え方で、かれらに対する公教育や公衆衛生や医療・社会保障まで、ホスト社会全体の合意をじっくり形成する必要があるのです。

そしてまさに、この問題こそが、アメリカ、イギリス、ＥＵ諸国で一大政治争点となっているのです。このことを十分考えないままに、当面の必要に応じて、あまりに多くの移民を日本にも受け入れるのは、まだ現実的とはいえません。

そこで次に考えられるのは、社会を支える人たちの年齢幅を、下は15歳くらい、上は75歳くらいにまで拡大してはどうかということです。

このうちティーンエイジャーについては、少子化世代ですから、そもそも絶対数が多くありません。しかも、高度情報化社会、国際化社会における人材育成のために、大卒層や大学院修了の高度なグローバル人材を増やすことが構想されている現状では、義務教育修了後、ただちに社会を支えてくれている10代中盤の労働者を、一定数確保し続けることなど、まったく考えられていません。

となると、期待できるのは、シニア人材の活用くらいだということになります。ただし、今これを考えようとすると、「引き続き団塊の世代に頼り続けるってことか？」と気付くことになるわけです。

もちろんもうひとつ、女性人材の活用という重要なことがありますが、これは現役世代内の役割分担にかかわる課題ですから、後ほどじっくり検討していきます。

この他に考慮すべきは、機械やロボットによる労働の代替ですが、さしあたりは視野の外におくことにしましょう。

というわけで、日本社会を破たんなく継続させるには、やはり現役世代が主力として頑張るしか手はないようです。このように考えると、この限られた数の「チームジャパン」のレギュラーメンバーは、さながらディフェンスもやりながらシュートも放つサッカー選手や、投手と打者の二刀流のプロ野球選手のようにみえてきます。その八面六臂《はちめんろっぴ》の活躍に、近未来の日本社会が託されている、ということです。

だからこそ、ギリギリの線で頑張っているレギュラーメンバーの内部に、連携プレーのミス、すなわち深刻な分断状態があり、それぞれがもつ長所や特性が十全に引き出せない状態になっているとしたら、それはたいへんまずいことなのです。

すでに述べたとおり、今はどの国も自国中心主義を強め、国の内側の分断に気を配っています。日本国内については、この現役世代の内部に危険な亀裂が生じていないかが、見極めるべき焦点だといえるでしょう。

若年層と壮年層——昭和育ちと平成育ち

ここからは、日本社会のいかなる分断状況に注目するのか、順を追って説明していきます。本書で用いるのは、あっけないほどシンプルな思考ツールです。それは、これからみていく「生年区分」「ジェンダー境界」そして次章で検討する「学歴分断線」の3つです。

まず生年世代の扱い方ですが、結論からいえば、現役世代をちょうど真ん中の40歳（調査が実施された2015年時点）で、上下20生年ずつに切り分けます。生年でいうならば19

74（昭和49）年以前生まれか、１９７５（昭和50）年以後生まれかというところで二分するのです。以下ではこの見方を一貫してとることにして、40歳から上を壮年層、下を若年層と呼ぶことにします。

昭和40年代以前の生まれと昭和50年代以降の生まれという区別は、境界付近の生年の人たちには、おそらく馴染《なじ》みのあるものだと思います。「確かにそのあたりで世代が分かれている」「この分断線よりも有力な区分は思い浮かばない」という実感がすでに読者にあればたいへん有難いのですが、生年については、さまざまな境界線を考えることができるはずなのに、なぜここで二分するのか腑《ふ》に落ちない読者もいると思います。あるいは、生年集団を切り分けず、連続的な変化をみるほうが正確だという考え方もありうるでしょうから、もう少し補足説明をしましょう。

この生年区分の最大のメリットは、団塊ジュニア以上の生年世代と、その下の生年世代を切り分ける切れ目の適切さです。

ここでいう壮年層とは、調査時点で40代と50代であった約３３０５万人です。ライフステージとしては、既婚者が8割近くを占め、子どもが小学生から大学生、あるいはすでに独り立ちしているというのが標準的ですが、もちろん未婚の方、子どもがいない方などもすべて分析の対象となります。かれらは昭和の終わりに幼少期を過ごし、20世紀のうちに大人の世界に入った人たちです。

これに対して若年層は、調査時点で20代と30代の約2720万人で、ライフステージとしては4割近くが未婚で、結婚している場合でも、子どもがいないか、小さな子どもを育てている人たちがほとんどです。その人生を顧みるならば、かれらは平成の子どもたち、21世紀の若者たちだということになります。

この生年区分のもう一つのメリットは、20〜30代が若年層、40〜50代が壮年層という分類が、とにかく単純でわかりやすいということです。人口サイズもほぼ半々になりますので、双方を同じ重みで考えることができます。

ここで、計量分析に詳しい人のために少し専門的な補足をしておきます。社会調査のデータから時間にかんする情報を得る場合は、年齢（age）、調査時点（period）、生年世代（cohort）という3概念を区別することが望まれます。けれども、ここでみるような単発の調査データでは、対象者が人生のどの段階にいるのかという年齢の効果と、対象者がどの時代を生きてきたのかという生年世代の効果を、計量的に選《よ》り分けることができません。そのため本書のなかでは、壮年層と若年層の差異については、生年世代と加齢（ライフステージ進行）の重なり合いを、解釈によって選り分けていくことになります。

アメリカの社会学者Ｒ・イングルハート（1990）は、幼少期から青年期の社会変動の実体験が、それぞれの生年世代に属する人びとがもつ価値観を異なるものにしていることを、国際比較データから明らかにしています。ここでは主にこの考え方に依拠して、上下２つの生年世代の異なりを、とりわけ重視していくことにします。

二人三脚のリレー

ここで示したように現役世代を上下に二分して考えることは、いつの時代についても可能です（表２‐２）。

現時点で壮年層に位置しているのは、世紀の転換を体験した１９５５〜７４生年で、若年層に位置しているのは、失われた時代を生きた１９７５〜９４生年であるわけですが、１９９０年代を考えてみると、世紀の転換期世代は、このときは若年層に位置していて、団塊の世代に代表される戦後成長期世代（１９３５〜５４生年）が壮年層に位置していたことがわかります。バブル経済後、平成のはじめの日本社会を駆動していた主力メンバーはこの２つの生年世代だったのです。

表2－2　時代と生年世代の関係

生年世代＼時代	1970年代	1990年代	現在
戦前・戦中世代 1915～34生年	壮年層 40～50代	高齢層 60代～	
戦後成長期世代 1935～54生年	若年層 20～30代	壮年層 40～50代	高齢層 60代～
世紀の転換期世代 1955～74生年	形成期 ～10代	若年層 20～30代	壮年層 40～50代
失われた世代 1975～94生年		形成期 ～10代	若年層 20～30代
現在の「若者」 1995生年～			形成期 ～10代

それでは、さらに20年を遡った1970年代はどうでしょうか。このとき日本の未曽有《みぞう》の高度経済成長を若年層として駆動させていたのは戦後成長期世代でした。そして、壮年層に位置していたのは、戦前・戦中世代（1915～34生年）でした。大正から昭和一ケタまでの生まれで、現在は80～100歳以上になっているかれらは、すでにわたしたちと直接の協働関係にはありません。

私などは、感謝の念と苦い記憶が入り混じった多くの思い出をもっていますが、平成生まれの若者たちの多くは、本当のかれらを知らないと思います。その意味で高度経済成長期は、歴史のなかの事実になりはじめたといえるでしょう。

ちなみにその前の戦後復興期、戦前・戦中期となると、日本社会をけん引していたのは、わたしたちの多くが言葉を交わしたことのない大先輩たちです。

ここからわかるとおり、わたしたちは、まず若年層として自分の直上の世代と、続く20年間は壮年層として自分の直下の世代と、二人三脚のように連携して社会を支え、前進させていく定めにあるのです。これにより日本社会は、リレーのバトンのように、世代から世代へ順次受け渡されてきたのです。実際は、この20年幅の生年世代は、固定した集団ではなく、連続的にメンバーが入れ替わっていくわけですが、このように簡略化して考えると、それぞれの生年世代の「時代の背負い方」がみえてきます。

再度の確認になりますが、この先でバトンを受け渡されて二人三脚で進むのは、現在40代・50代の壮年層と、20代・30代の若年層です。それより以前の世代も、次世代も、この協働を助けてくれるわけではありません。わたしたちは、交代要員がいないまま、しばらくは一緒に走り続けなければならないのです。

若者論との対応関係

ところで、若者論や消費文化論では、日本人の生年世代ごとの日常の様子や社会意識の異なりについて、「新人類」「バブル」「団塊ジュニア」「ロスジェネ」「ゆとり」……などのニックネームを付された、もう少し細かい世代論が語られることが少なくありません。

2017年のサラリーマン川柳の第一位に輝いた句は、「ゆとりでしょ？ そう言うあなたは バブルでしょ？」というものでした。これは、この細かい区分の世代間のギャップを描いたものに他なりません。この句が示すとおり、各世代については固有の性格特性が指摘されてきましたので、ときには首をかしげるような説もあるのですが、自分が属している生年世代を考えるときは、こちらのほうが身近かもしれません。この細かい「世代論」と、ここでの「壮年層／若年層」の二分類の対応関係を確認しましょう。

本書でいう壮年層は、新人類（1950年代後半から1960年代生まれ）を最年長としており、真ん中あたりがバブル世代、全体の動向を左右するボリューム層は、最も若い40代前半の団塊ジュニア（1970年代前半生まれ）です。

一方、若年層の上半分は、ロスジェネ（おおよそ1970年代後半から80年前後の生年）と呼ばれています。かれらは2000年前後の、景気が悪く労働市場が不安定であった時期に社会に出たことから、この名を付されています。そして一番若い20代には、ミレニアル世代とも括《くく》られる、ゆとり世代（1980年代後半の生年以降）が入ります。

細かい世代の愛称は、いずれもその時々の若者論に由来しています。「団塊の世代」という言葉も、もとはそうした若者論から拡散したものでした。若者論というのは、10代の青少年から若年の成人までに視点を定め、そこにかれらの生まれ育った時代の社会状況を重ね、文化現象、心のあり方、対人関係などを論じる分野です。その基本的な考え方について、日本の若者論をけん引する研究者集団である「青少年研究会」は、「若者は時代のリトマス試験紙である」「若者は将来社会の鏡である」としています。

拡大若者論によって現役世代を分析する

ところが、若者はもはや時代のメルクマール（目印）ではなくなりつつあるという懸念や、「〈若者〉の溶解」が進んでいるという指摘を、このところしばしば耳にするようになりました（浅野 2016）。これには、いくつかの事情が挙げられています。

第一は、少子化による若者のプレゼンスの低下です。今の20歳前後の同年人口は120万人ほどですから、日本の総人口の１％程度にまで落ち込んでいます。10生年かき集めても、社会全体の１割ほどにしかならないということです。そのため、若者向けの商品開発よりも、高齢者ビジネスのほうが、はるかに市場規模が大きいといわれます。同時に、「若者の○○離れ」として先にみたとおり、消費、政治、社会参加、文化など各方面での若年層の活動が、総じて消極的になっているということもいわれています。

第二は、若者が一枚岩ではなくさまざまなタイプで構成されていて、総体としての傾向を見極めにくくなっているということです。再帰的近代社会は、そもそも全体社会のメインストリームが不明瞭な社会なのですから、それに抗《あらが》うカウンターカルチャーが多様なものへと拡散していくことは避けられません。

第三に指摘すべきことは、若者の輪郭の曖昧《あいまい》化です。現代人の人生は長期化していますので、「若者」とみなされる年齢は、必然的に高年のほうに伸びています。かつてはティーンエイジャーから20代だとされていた若年層の定義は、いつしか35歳以下だといわれるようになり、現在では、政府統計も39歳までを若年層とみなして整理されるようになっています。

しかも現代日本の現役世代の実情は、この若者カテゴリの「高年齢化」に一層の説得力を与えています。雇用が流動化し、家族のかたちも流動化した現在では、少なからぬ成人男女が、定まった役割に係留されることなく、人生後半に至るようになっているからです。

発達心理学者のE・Hエリクソン（1968）は、若者のアイデンティティのあり方として、産業社会や家庭や地域において、いまだ定まった役割を獲得していないモラトリアム期にあることを挙げました。けれども現代日本では、考え方次第では、少なからぬ40代、50代が、職場、家庭、地域などで自分の社会的な立ち位置を確定しえないまま、さまよい続けるモラトリアム状態にあるとみることができそうなのです。

この数年、著名人の不倫がしばしば話題になります。社会学とはあまり関係なさそうな話題ですが、これも若者の輪郭の曖昧化の一例だといえるのではないかと私は思っています。

不倫というのは、本来ならば社会的アイデンティティを確立しているはずの年頃になっているのに、自身の置かれた地位や、夫や妻、父親や母親という役割に係留されない、若者のような性行動をとってしまうということです。しかも、世間の批判にさらされると、「気の迷いだった」とすんなり反省して、すぐに出直しのチャンスを求めるケースが多いようです。これは当人たちが、自分はまだモラトリアム期にいるという認識をもっているからではないでしょうか。だとすれば、ここには壮年男女が若者化していることの一端が垣間見えているといえるでしょう。

私の専門は、大人の社会全体を調査データから広く見渡す計量社会意識論ですから、これまで若者論に「参戦」することはありませんでした。けれども、大人の社会意識論と若者論は、じつは大きな重なりをもつ分野であり、同じような課題を抱えているとみることができます（吉川・浅野2017）。というのも、社会意識論のほうもまた、20世紀以来の枠組みの「溶解」が進み、若い生年世代の「社会の心」を説明する枠組みを模索している状況にあるからです（吉川2014）。

そこで以下では、団塊の世代の退出後の社会を考えるための手がかりを、若者論を現役世代全体に敷衍《ふえん》した、拡大若者論に求めてみようと思います。「成人式から還暦まではみな若者だ」とみて、若者論の論点を用いた現代社会分析を行なうのです。

さしずめそこでは、下半分にあたる若年層（20代、30代）を前期若者、上半分の壮年層（40代、50代）を後期若者だとみていくということになります。もっとも、これを50代の私がいうと「自分たちがいつまでも若者でいたいから？」と笑われそうで、少し気が引けるのですが。

宮台世代／古市世代――壮年層と若年層

この拡大若者論の観点から、前期若者すなわち若年層と、後期若者すなわち壮年層の分断について踏み込んでおきたいことがあります。

壮年層の動向を左右しているボリューム層は団塊ジュニア世代であるのに対し、若年層の半数強はゆとり世代にあたります。この現役世代の構成を考えるとき、それぞれの生年世代について独自の若者論を描いた二人の社会学者の存在に気が付きます。宮台真司と古市憲寿です。この二人を知らない人もいるかもしれませんが、現役世代の上下二層の隔絶を腑に落ちるものにするという意図のもと、それぞれの時代に一世を風靡《ふうび》した、二つの若者論を振り返ってみたいと思います。

私のなかでこの二人の印象はとてもよく似ています。若者たちよりも少しだけ年長から、かれらに対する卓見を語るという主張のかたち、メディアなどでの発信の方法、カジュアルな外見などが共通しているからでしょう。それは従来のアカデミズムからみると、少なからず異質なアプローチであり、それゆえに若者たちからの大きな共感を呼び起こし、同時に少なからぬ批判も浴びました。

実際に、この二人の主張については、よく似た現代若者論だと解釈されることが多いようです。しかしここで注目したいのは、この二人が描写した日本社会には、ほぼ20年の時代差があり、扱われている生年世代がそもそも重なっていないという点です。

蛇足になりますが、さらにその前の高度経済成長期における団塊の世代を、この二人と同じようにして語った見田宗介《むねすけ》という社会学者がいて、このスタイルの若者論の「元祖」はこの人です。ですから、三人を並べて世代論・時代論・若者論を展開すると、学術的にはとても面白い示唆《しさ》を導き出せるのですが、ここではそれには踏み込まず、団塊の世代を視野から外して近未来を考える、という方針に徹したいと思います。

「終わりなき日常」と戯れた若者たち――コギャル、アムラーも壮年層に

バブル直後の1990年代、1959年生まれの宮台真司は、当時の10代について、性、ジェンダー、友人関係、学校、家族、郊外、などの観点から、驚くべき実態を記述し、合わせてその背後にある日本社会のしくみの変化を論じて注目を集めました（宮台 1994, 1997a, 1997b）。

一般社会がこの社会学者の名前を知ったのは、「援助交際」といわれた女子高生の新たな形態の売春行為について、参与観察のような聴き取りをしていると発言しはじめたからです。そこで宮台がみてきたのは次のようなことでした。

「制服少女」たちは、あえて旧来の淑徳を装いつつ、ダイヤルQ2や携帯電話という、匿名性の高い新しいパーソナル・メディアを、他の生年世代に先んじて駆使し、テレクラ（テレフォンクラブの略語！）という、これも新しい都市空間を、自分たちの思いのままに「活

主導権をもつ新しい文化空間ができている。けれども同世代の男子には女子ほどの適応の素早さはなく、女子高生だけが用」している。

そこでは、クラスの優等生も別の顔をもつことができるし、たとえば青森のような地方都市であっても、地元や家族や学校のがんじがらめの人間関係から抜け出すことができる。これに対して旧来の産業経済セクターでマジョリティ側にいる、要するにお金と地位があるオジサンたちが、同床《どうしょう》異夢《いむ》というべき形でからんでくる——。

今これを読み返すと、携帯電話を間に挟めば、自分をどこのだれだかわからなくすることができる、という個人情報についてのリテラシーの水準は恐ろしく低いものですし、この間に未成年を守るための厳しい法律ができましたので、なんともいえない気持ちになってしまいます。ついでにいえば、聴き取り調査の厳格な方法論を最新のテキストで学んでいる若い社会学者が読めば、「?・」と思う記述も散見されます。

しかしこの当時、いち早く次の時代への脱出を果たしたのは、旧来のマジョリティ側にいる大人たちや、相変わらず産業経済セクターに目を向けていた男子（男性）ではなく、新しいメディアやサブカルチャーに敏感な10代の女の子なのだという指摘に、社会は確かに刮目《かつもく》したのです。

これ以降、女子高生文化が若者論の重要な位置を占めるようになりました。彼女たちがけん引するトレンドは、今や「クールジャパン」の主要コンテンツとなっているわけですから、その萌芽に気付いた宮台の慧眼《けいがん》は高く評価されるべきでしょう。

宮台が当時の日本社会をみる視野は広く、高度経済成長によって生み出された首都圏郊外の近代家族で育ってきた若者たちが、そこに居心地の悪さを感じている。中高生たちが、制度化され硬直した日本の学校空間からはみ出しはじめている。こうした若者の遠心的なエネルギーは、カルト宗教教団への帰依《きえ》や、凶悪な連続児童殺傷事件となって暴発することもある、というようなことまで論評が及んでいます。

少し議論のレベルを上げながらまとめるならば、宮台は、当時のティーンエイジャーの文化を、単なる逸脱現象だとみるのではなく、そこに20世紀近代システムの外にあふれだそうとする新しい動きを見出していたのです。１９９０年代中盤の日本社会は、20世紀近代の最終形態にあって、そのシステムは綻《ほころ》びを垣間見せつつも、まだ機械仕掛けのような精密さで動いていました。この社会状況について、宮台は若者目線で「終わりなき日常」という表現を与えています。

若者たちは、ときに「終わりなき日常」の居心地の悪さを飛び出し、ときにそれを逆手にとるかのように利用して、世紀の転換期を自在に生き始めている――。「近代ではないもの」へと踏み出しはじめた当時の若い世代の動向にいち早く気付き、そのことを、いまだ20世紀近代の只中《ただなか》にあった当時の壮年層に対して突きつけたのが、宮台真司という社会学者であったのです。

ここで思い出しておきたいのは、このとき彼に見出された新たな世代の若者たちこそが、現代日本の壮年層なのだということです。

かつてコギャルと呼ばれ、安室奈美恵に憧れていた団塊ジュニアの「制服少女」たちは、40代になって次の世代の青少年たちに、「お母さん」と呼ばれるライフステージにあるというわけです。ちなみに援助交際にかかわっていたとされる相手側の当事者としては、いわゆる「アラ還」に至った宮台よりさらに年上の男性が想定されていたのですから、こちらはおおよそ団塊の世代にあたります。

すでに20年以上の月日が経った現在、これらの人びとをめぐって描かれた、お伽噺《とぎばなし》のような情景の信憑性《しんぴょうせい》について云々する気はありません。しかし、宮台が展開した社会分析は、今の日本社会の壮年層が、どういう社会的な生い立ちの「若者」たちであるのかということについて、豊かな示唆を与えてくれます。

右肩上がりの近代を知らない「幸福な若者たち」

他方、2010年代前半に、1985年生まれの古市憲寿は、やはり社会学者として若者論を展開しています。その主著『絶望の国の幸福な若者たち』(2011)において、彼は従来の若者の語られ方に対してことごとく違和感を表明していきます。

今の若者に、同じ生年世代としての画一性や統合性などない。NPO活動や政治やナショナリズムなどの社会的なものごとに、だれもが無関心だというわけではないが、だからといって強いこだわりや熱意や継続性を期待されても困る。人間関係や将来へのパースペクティブも、限定的でドライになっている。望ましい価値観や達成すべき目標を掲げて生きているわけでもない。それでも身の周りの日常生活については、わりと肯定的に評価している。つまりそこそこ幸福なのだ。これが彼のおおよその主張です。

加えて古市は、政治やNPOの草の根運動への若者たちのかかわり方、保育園の充実をはじめとした福祉政策への提言など、近未来を見据《みす》えた社会の軌道修正に、並々ならぬ関心を示します。自分たちの世代のことは、だれかが考えてくれるというわけではなさそうだし、そもそもだれもちゃんとわかってはくれない。だから、自分たちで考えるしかないというのがその理由です。

この意外なまでの向社会性が事実であるとすれば、宮台世代の若者とはかなり異なっているということになります。『絶望の国の幸福な若者たち』の結語の部分の印象的な言葉を引用しておきます。

> 戻るべき「あの頃」もないし、目の前に問題は山積みだし、未来に「希望」なんてない。だけど、現状にそこまで不満があるわけじゃない。なんとなく幸せで、なんとなく不安。そんな時代を僕たちは生きていく。絶望の国の、幸福な「若者」として（古市 2011: 269）。

二つの若者論を見比べることで浮き彫りになるのは次のことです。宮台がみた団塊ジュニアは、子どもの頃から見知った20世紀近代システムが、やがて破たんするということに漠然と気付きつつも、まだまだ頑強で絶対的な存在感を示す「終わりなき日常」にときに抗い、ときに体よく利用しながら過渡期をうまくやり過ごす世代として描かれています。

そういえば1990年代後半には、婚期を迎えたこの生年世代について、社会学者の山田昌弘（1999）が「パラサイト・シングル」という言葉を世に送りました。経済的にも生活上も、親世代に「寄生」し、適齢になっても自分たちの世帯を作って自立することを尻込みする当時の若者を説明した言葉です。事実この時代、エコーブーマー（ベビーブーマーの子ども世代）として再度の出生数増加が期待されていながら、出生数は一向に増えませんでした。そして実際、このときの赤ちゃんたちは少子化世代と呼ばれるに至っています。

このパラサイト・シングルという現象は、団塊ジュニア周辺の生年世代が、かれらの親の世帯、すなわち団塊夫婦に象徴される20世紀の安定したシステムをいつまでも頼りにして、自分たちが主体的に駆動させなければならない新しい社会システムの構築には、消極的であったことを示すものです。ここからも、現在の壮年層が、第一の近代から再帰的近代への時代転換に、戸惑い、ためらいながら立ち会っていたことがわかると思います。

これに対して古市がみているのは、参照し、依存すべき右肩上がりの20世紀近代をそもそも知らない若者たちです。それは、不透明な21世紀を生きる術を身に付けている、というよりそのシステム内でしか生きたことのない、まさに「ロスジェネ」の若者の姿なのです。かれらは時代にベクトルなどない、ということを身にしみて知っているのです。

先にも触れたとおり、現代日本の社会学者は、宮台の20年も前の議論と、数年前の古市の議論を区別することなく扱い、結果的に現役世代を一括りにした大雑把な理解をするきらいがあります。けれども、団塊の世代の退出後を担う今の現役世代は、このように生い立ちの異なる「若者」で構成されていて、両者の間には、親子ほどの生年世代の開きがあるのです。この状況がみえてくると、ここに深刻な分断構造が隠れていないかを見定めてみたくなります。

変わりゆくジェンダー・バランス――分業意識の奇妙なすれ違い

続いて、ジェンダーについて考えましょう。

ジェンダーは、男女が半々に分かれていて、メンバーが入れ替わることは、ほぼありません。そして、生物学的な性を意味するセックスと、社会文化的な性差を意味するジェンダーの区別は、高校の教科書にも載っています。

そこには、男性をマジョリティ、女性をマイノリティとする、克服の難しい不平等の歴史があります。それでも、男女は同じ種の雄雌ですから、完全に訣別することはありえず、共生しながら社会を成り立たせなければなりません。以上から、現役世代を論じるうえでジェンダー視点を取り入れることの重要性は明らかです。

ただし現代日本社会は、男女にかかる社会からの圧力が、徐々に変化する途上にあります。そのため、男女双方の役割が刻一刻と移り変わっていて、正しく把握することが容易ではありません。いくつかの論点をアップデートしておきましょう。

SSP2015を基礎集計してみると、男女の気持ちに思いがけないズレがあることがみえてきました。この調査では、男女の役割分業の新しいあり方をみるために、「夫が妻と同じくらい家事や育児をするのはあたりまえのことだ」という意見への賛否を尋ねています。男性の家事・育児参加ですから、これをわたしたちは「イクメン意識」と名付けています。

この数年、男性の育児休暇取得をはじめ、「弁当男子」「自炊男子」などが話題となり、テレビ番組でも、男性タレントが本格的な料理の腕前を披露するシーンをみるようになりました。この質問項目は、そうした既婚男性のあり方についての意見をみるものですが、その集計結果が、ちょっと意外なものだったのです（図2－1）。

それは、現役世代の男性の「そう思う」＋「どちらかといえばそう思う」の肯定回答が、じつに67・1％にも上っているということです。つまり現役世代の男性の、三人に二人までが「イクメンは、もはやあたりまえ」と考えて生活しているのです。

図2−1　「イクメン意識」の男女差

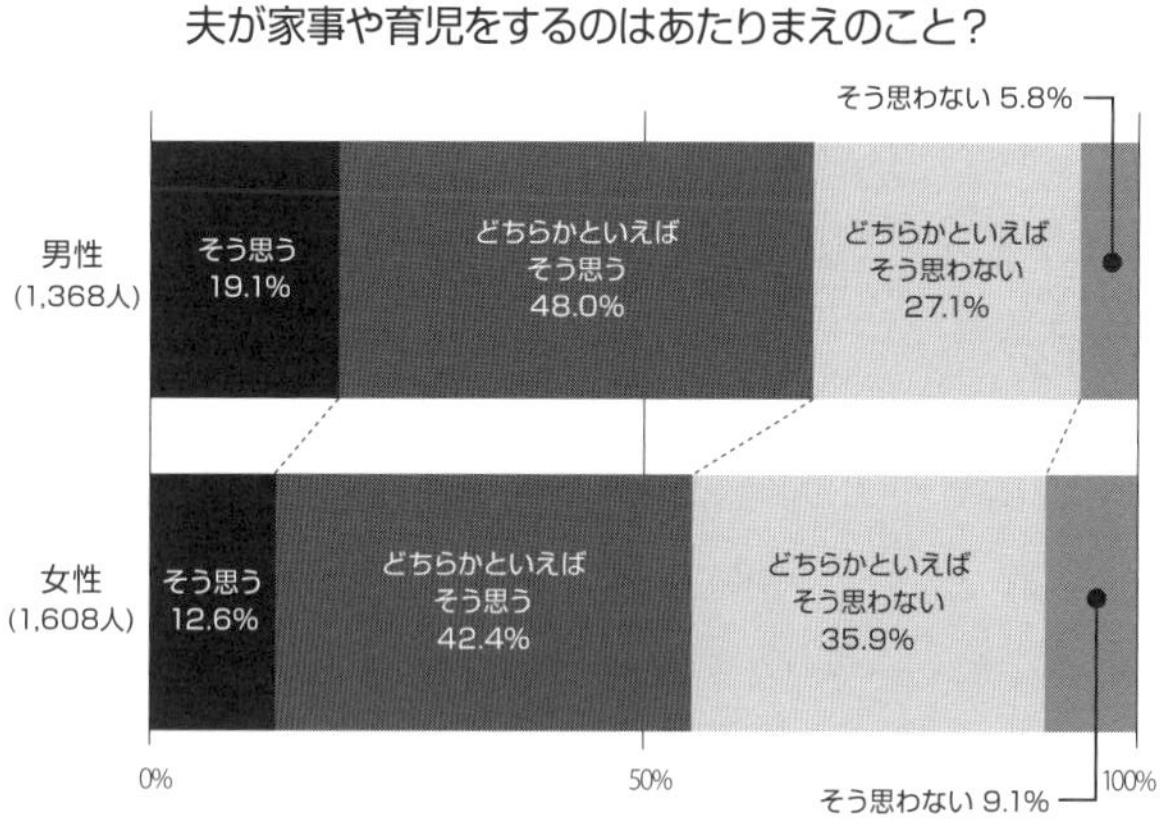

データ：SSP2015

ところが女性の回答をみると、イクメン肯定派は、なんと男性よりも12ポイントも低い55・0％にとどまります。さらに調べてみると、この男女の意見のズレは、既婚の男女に絞って分析しても、年齢、学歴、職業、収入などの影響を考慮しても、統計的に有意であることがわかりました。

つまり、夫が家事・育児に積極的に参加することに対しては、明らかに女性側にためらいがみられるのです。

日本の男性の家事時間が極端に短いことは、しばしば指摘されます。これは深刻な事実です。けれども意識についての調査データによると、「妻は夫の家事・育児サポートを求めているのに、夫の守旧的な家事・育児観がその妨げになっている」というかたちにはなっていないのです。

性別役割分業への男女の気構えは、じつはさらに錯綜《さくそう》しています。これとはつじつまの合わない男女の意識差が確認されているからです。

性別役割分業についての20世紀以来の論点は、男性は一家の稼ぎ手、女性は専業主婦という役割の振り分けを、いかにして解消するかということにおかれていました。これは、男女間の社会参加の不平等解消を目指すフェミニズムの考え方に基づくものです。

これについての人びとの意見を知るために長く使われてきたのは、「男性は外で働き、女性は家庭を守るべきだ」という意見への賛否です。これをわたしたちは「内外《うちそと》意識」と呼んでいます。

同じSSP2015で、この「内外意識」の男女差をみると（図2‐2）、じつはこちらでは、いまだに男性の四人に一人以上が家庭内外の分業を肯定しており、女性のほうは否定的であるという有意なジェンダー差があるのです（男性の肯定率：26・3％、女性の肯定率：19・0％）。

つまり、一見すると同じことの表裏に思われる、夫の家事・育児参加と夫婦の役割分業では、男女の賛否の傾向が一貫していないのです。私は、このジェンダー分業意識の奇妙なす

図2−2　「内外意識」の男女差

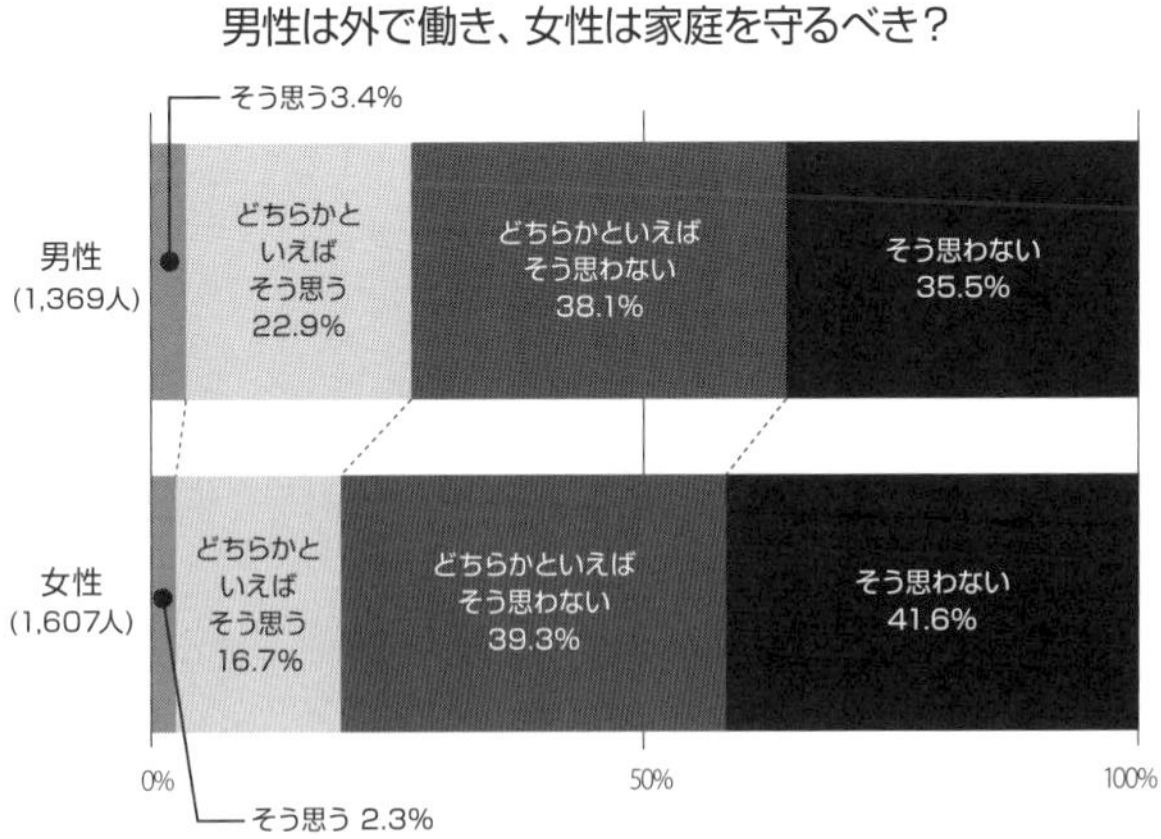

データ：SSP2015

れ違いを次のように解釈しています。

「イクメン意識」のほうは、ジェンダーフリーな家事分担に向けて、男性をライフスタイル変革の当事者に見立てています。女性の側からこれをみると、これまで自分たちが主導してきた家事・育児領域に、新たに男性が入り込んでくることへの賛否が問われていることになります。そして、この構図における男女のせめぎ合いでは、男性が積極的で、女性のほうが少し尻込みしているというわけです。

他方、「内外意識」の問いでは、女性が旧来のライフスタイルを脱して産業局面に加わっていく当事者に見立てられていて、こちらの状況設定では、女性のほうが積極的で男性は守旧的なのです。

要するに、攻守の入れ替わったジェンダー分業への構えからは、「新たな領域には参入したいが、既得の主導権も守りたい」という男女それぞれの本音によって、意見の食い違いが生じていることがわかるのです。

不平等の国の幸福な女性たち?――男女で異なる生きづらさ

この他にも、男女の社会意識のあり方を調査データによってみると、従来のジェンダー論の想定を覆《くつがえ》す実態がみられます。

たとえば、次の図2‐3、図2‐4のグラフからわかるように、幸福感や満足度については、ジェンダーマイノリティである女性のほうが、男性よりわずかながら幸福で満足しています（SSP2015現役世代男女）。

女性の幸福感が男性の幸福感を上回っていることは、統計数理研究所の日本人の国民性調査の結果でも指摘されています。ちなみにこの調査は、「もういちど生まれかわるとしたら、あなたは男と女の、どちらに生まれてきたいと思いますか?」という問いに対して、女性が「女に生まれ変わりたい」と答える傾向が、この半世紀の間、一貫して増えていき、7割を超えるようになったことも明らかにしています。

図2−3　「幸福感」の男女差

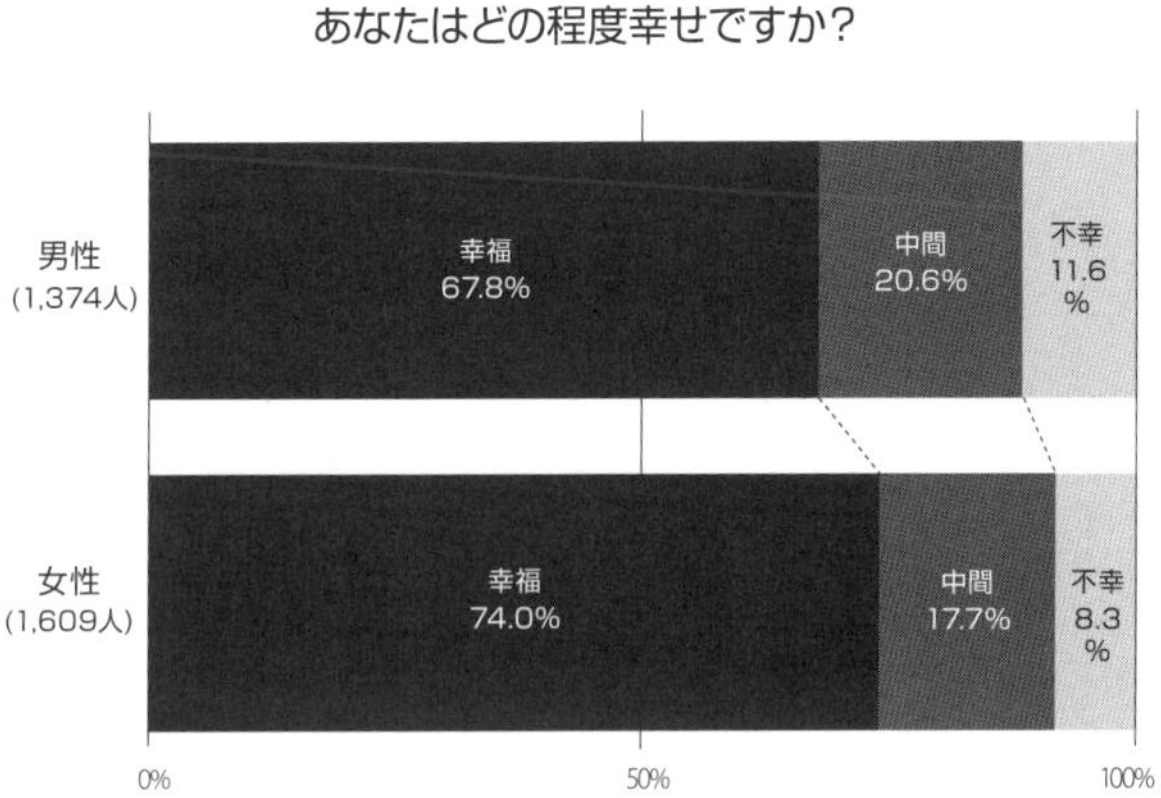

データ：SSP2015

図2−4　「生活全般の満足度」の男女差

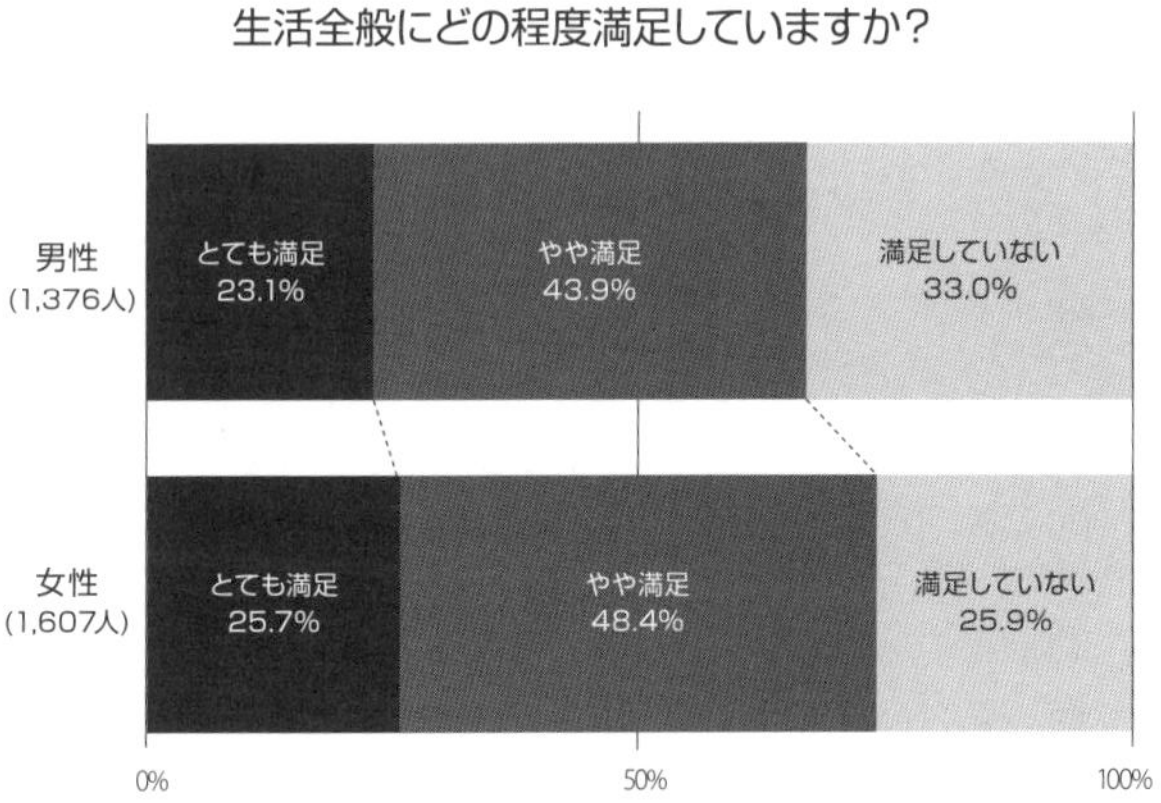

データ：SSP2015

確かに、日本の女性の社会進出は、先進工業国のなかで大きく立ち遅れています。内閣府男女共同参画局の発表によると、各国の男女平等の進行を表すジェンダーギャップ指数では、日本は144カ国中114位と低迷しています（２０１７年）。

しかし、ここで示した社会意識の実態をふまえれば、虐《しいた》げられ、耐え忍ぶマイノリティとしての女性の解放、あるいは女性たちの心理的ウェルビーイングの向上ということは、日本が取り組まなければならない課題ではなさそうです。

わたしたちの議論の出発点は、客観的な実態としてジェンダーギャップの大きい日本社会にあって、女性が意外なまでに良好な心理状態にある、すなわち「不平等の国の幸福な女性たち」というところにおかれる必要があるのです。

ジェンダー・バランスの新しい局面について、山田昌弘（2016）は、今の日本社会では、男性は仕事ができなければモテない、女性は仕事ができることとモテることを両立させるのが難しいという、男女で異なる生きづらさがあるといいます。

社会学者の水無田気流（2015）は、現代日本の男性は、産業経済システムの外の家族、コミュニティ、教育などの場に溶け込むことを苦手としている。女性のほうは家事・育児を男性に任せる気にはなれず、既得の主導権をもち続けながら、新たに手にした仕事の局面でも全力を尽くそうと、日々追い立てられていると分析します。大卒女性たちが、できる女性とよい母親の全力での両立という、危ういワークライフバランスをとらざるをえない状況におかれているというのは、教育社会学者の本田由紀（2008）がいち早く指摘したことでもあります。

今の現役世代は、男女雇用機会均等法以降の社会を生きてきた男女です。同時に、男女共同参画や一億総活躍という掛け声に促され、実態としての生活のあり方の変革を求められている当事者でもあります。そこでは、女性たちが20世紀以来のジェンダー役割から脱埋め込みされていく動きと、男性たちが21世紀のジェンダー共生に再埋め込みされていくという別々の動き、言い換えれば、ジェンダーの対立と共生の力学の複雑な交錯がみられるのです。

ですから、社会学者たちの議論にも調査データにも、よくよく考えるとつじつまが合わないところが見受けられることになるのですが、私はその錯綜こそが現代日本社会のジェンダーをめぐる実態だとみています。

それゆえに、ジェンダーによる社会意識や社会的活動の分断の状況は、調べてみなければ何が起こっているのかわからない混沌とした状態にあるといえるでしょう。矢継ぎ早に打ち出されるジェンダー関連の政策の実効性を考えるためには、男女の社会意識やライフスタイルの分断についての正確な実態把握はとても重要だといえます。

この章では、現役世代内部の分断を考える際に、若年層と壮年層の区分と、男女のジェンダーに注目していくことの論拠を示してきました。

ここで、生年区分とジェンダー境界をかけ合わせると、若年男性、若年女性、壮年男性、壮年女性という4つの人口集団が切り分けられることになります。これは、マーケティングの分野における市場ニーズの把握において、デモグラフィック・セグメンテーションと呼ばれているもので、テレビ番組の視聴率の分析、各種の顧客アンケート、選挙の出口調査などにおいて、社会全体の傾向把握のためによく利用される枠組みです。

けれども、生年世代と性別を人口学的に分けただけでは、現代社会のしくみについての社会学的な「味付け」がなされていないので、このままではまだ、分断社会の実像に迫ることはできません。

そこで次章では、いよいよ社会学的な課題を考えていくことになります。

第3章　学歴分断社会

分断社会の核心にあるものとは？

分断社会の核心にある問題は何かといえば、やはりそれは、社会経済的地位の上下の構造だということになるでしょう。前章でみた生年世代や性別は、これを適切に理解するための、いわば「補助線」のようなものです。

社会経済的地位は、複数の要素が重なり合った構造になっています。思い切って整理すると、その三大要因は「学歴」と「職業」と「経済力」になります。

このうち、日々の暮らしで最も目につきやすいところにあるのは、なんといっても経済力です。お金は仕事のアウトプットであり、消費生活とも直結しています。分割や受け渡しが可能な流動性の高い富ですから、税と社会保障を考える際の調整手段ともされます。

他方、職業も、わたしたちと産業経済セクターを結びつけている重要な要素です。現役世代の多くの人にとって、仕事の世界は、日々の生活で最も多くの時間と労力を傾注している、主要な活動の場となっています。ただし、現代日本人の仕事に対するかかわり方は、昨今の雇用の流動化によって不安定なものになってきています。

しかし、ここで学歴について考えてみると、社会に出てから最終学歴を更新する人は、そう多くはいませんので、学歴は、社会経済的地位のなかで一番固定的な性質をもっているということに気が付きます。

そもそも、社会経済的地位の三大要因の重なりあった構造は、社会に出るときにまず学歴を手にして、それに基づいて職業キャリアが形成されていき、そのアウトプットとしてお金の貧富が生じるという、学歴から始まる連鎖になっています。

しかも雇用が流動化すると、わたしたちは頻繁に履歴書を書くことになり、最終学歴がその都度確認されることになります。するとこの先、学歴の「切り札」としての重要性は、ますます大きいものになっていくことが予想されます。このことは、本書の「はじめに」において、職業と経済力（年収）はステイトと呼ぶべき「状態」になりつつあるけれども、学歴だけは定まったステイタス（地位）だとみなすことができる、というように説明したとおりです。

以上から私は、職業や経済力ではなく、学歴こそが社会経済的地位の根幹をなすものであって、社会人としてのチャンスやリスクを受け止める「容器」としてのはたらきをしている、という見方をとっています。

受け皿の容量が人生を決める社会

お金や仕事を差し置いて、学歴を用いて社会的地位を考えるということには、やや違和感があるかもしれません。けれどもこれは、社会の実態をシンプルに整理することができる便利なやり方なので、実質的にはたいへんよく使われます。

たとえば、アメリカの著名な社会学者でハーバード大学教授のＲ・パットナムは、自らが行なった聴き取り研究について、次のように説明しています。


「社会階級」は、アメリカ文化においてはあいまいで議論のある用語なので、われわれの指標としては単純に親の教育水準を用いた――四年制大学の卒業生（とその子ども）は上層中産階級に分類され、高校より先に進んでいない親（とその子ども）は下層、あ

図3－1　アイデンティティの「受け皿」

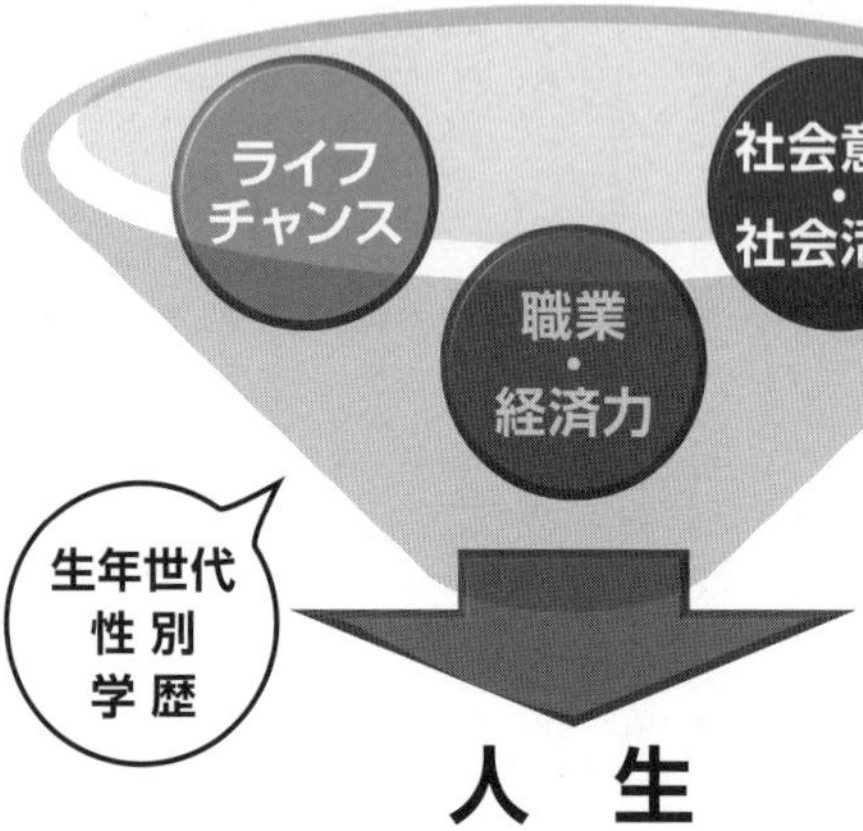

るいは労働者階級に分類された（パットナム 2016=2017, p296）。

かのアメリカ社会においてさえ、実質的には「学歴≒社会階級」だとみなされているのです。

図3－1は、本書の分析枠組を示したものです。学歴は、前章でみた生年世代・性別とともに、人生の「受け皿」を構成します。職業キャリアや所得や資産は、社会に出た後にそこに収容されていくのです。配偶者選択や家族形成、居住地、社会関係などのさまざまなライフチャンス、消費行動や文化的活動、社会意識なども、これらの固定的なアイデンティティの上に蓄積されていくと考えること

ができます。

ということは、それぞれの個人の人生は、「受け皿」の容量に応じて違ってくるということです。しかし、これは変えようのないアイデンティティに基づいた格差なので、根本から調整することができません。

現代アメリカであれば、こうしたチャンスやリスクの「受け皿」だとみなされているのは、メトロポリタンのWASP男性、アジア系高学歴エリート、中西部ラストベルトの白人労働者階級、南部の地方都市の黒人シングルマザー、カリフォルニアのヒスパニック移民の子弟……というように、社会経済的な立場を同じくする地位集団です。これらは自他ともに了解している実態であり、それゆえに、人びとのアイデンティティの源泉にもなっています。よってこれらは、アメリカ社会の分断を考えるときの枠組みとなるのです。

しかし、歴史や社会のしくみが異なる日本では、地位集団はそこまではっきりしたものではありません。そのため、履歴書に書く「基本アイテム」である生年世代、性別、学歴に基づいて分断社会を考えていくのが、人びとの実態に見合った考え方だということになります。

この考え方は、この20年ほどの間に目覚ましく発展したパネル調査データ（同じ対象者に同じ内容の調査を繰り返して得たデータ）の分析モデルから、逆転の発想で得たものです。

パネル調査のねらいは、職業や所得や資産、家族構成などの変化を捉えることです。これらが生活の諸局面に及ぼす作用は、変量効果（ランダム効果）と呼ばれ、計量経済学、疫学・公衆衛生、老年学などでは主要な検討課題とされています。

けれども、このとき学歴は、性別や生年などとともに、年数が経過しても影響力が変化しない固定効果要因として、やや周辺的な位置づけを与えられます。これらの要因が決定的な作用をしているのならば、わざわざパネル調査をする必要などなくなるからです。

しかし、あらゆる社会学研究がこのような問題関心に従ってなされるべきなのか、私にはちょっと腑に落ちないところがあります。なぜならば、アイデンティティに基づいた不平等という、民主主義の根幹にある問題を考えたいときには、むしろ固定効果要因に徹底して注目すべきだと思われるからです。

本書では、パネル調査データを分析するわけではないのですが、この先で、生年世代、性別、学歴にあえて焦点を絞っていくのは、そういう私なりの判断に基づいてのことです。

大卒／非大卒フィフティ・フィフティ——ポスト高学歴化社会

それでは、その人生の「受け皿」の主要な構成要素、学歴について考えていきましょう。

図3−2　現役世代の学歴比率

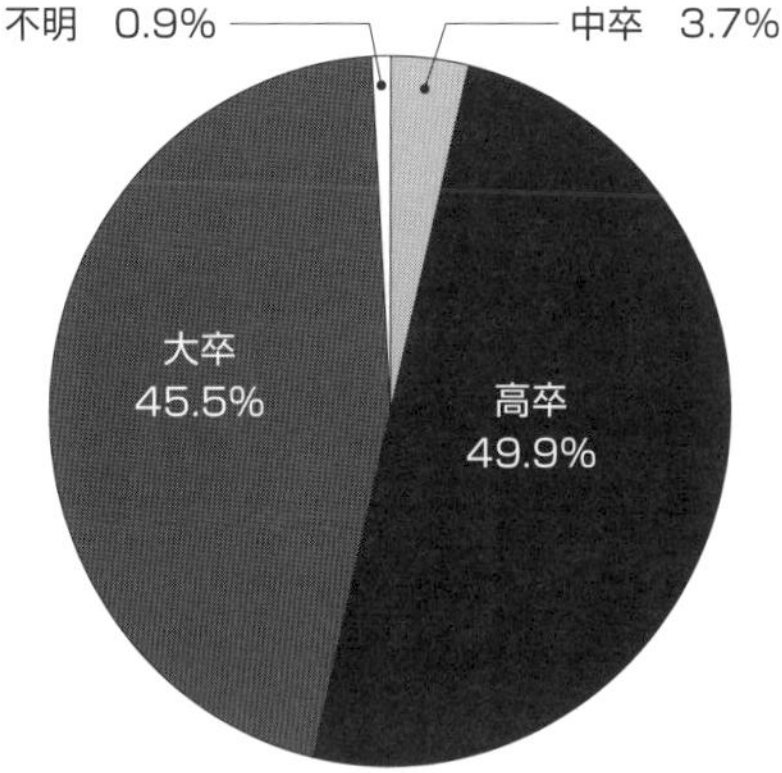

データ：SSP2015（2,989人の内訳）

ＳＳＰ２０１５の現役世代について、短大・高専以上の学歴を大卒、高校卒業および専門学校卒業を高卒、義務教育卒を中卒にひとまず分類することとして、学歴比率をみると、この円グラフのようになります（図３‐２）。

一見してわかるとおり、現代日本社会の大卒と非大卒の比率は、ほぼフィフティ・フィフティ（46対54）です。ということは、通勤通学の電車やバスのなかでも、ショッピングモールでも、小中学校のＰＴＡの集まりでも、自分と同じ大卒（あるいは非大卒）の人はおよそ半数で、残りの半分は、自分と異なる学歴をもって人生を歩んでいる人だということになります。人びとの立場の違いを分断と表現するのは、集団間の境界がはっきりしていて、社会の主要部分を切り分ける場合だといいましたが、現代日本の学歴比率は、確かにその条件に見合うかたちをしているということがわかると思います。

大卒層は世の中の半数に満たない——。この事実を知って、今さらながら驚いた人もいるのではないでしょうか。私は、いろいろなところで学歴社会について話すことがあるのですが、さまざまな質問や意見をいただくうちに、学歴や教育についての知識や理解には、けっこう大きなばらつきがあることがわかってきました。ですからここでは、ごく基本的な事実から確認していくことにします。

昭和の後半期、日本社会では若い人ほど高い教育を受けるという高学歴化が進行しました。「子どもは親より高い学歴を得るのが当たり前」とだれもが考えていた時代です。その経過を振り返ると、はじめは高校進学率が急速に伸び、やがて90%を超えて、全入の「天井」に至りました。これは1974年頃ですから、今から40年以上も前のことになります。

やがて、大学・短大・高専の進学率（以下ではこれらを合わせて大学進学率とします）の伸びのほうも緩やかになっていき、平成に入ってからは50%前後の状態で推移し、今に至っています。要するに、高校はほぼ全入、大学進学率は50%台というところを到達点として、日本の高学歴化は一段落したのです。

ただし、昭和の高学歴化の影響が現役世代の学歴比率から消え去るまでには、30〜40年のタイムラグがあります。そのため、平成に入ってからもなお、大人（現役世代）の最終学歴の構成には、年齢が高いほど教育水準が低いという傾斜と、女性の教育水準が男性よりも低いという段差が長く残っていました。青少年ではなく、大人に注目する場合、老若男女どこをみてもほぼ同様の学歴水準になったとき、はじめて本格的なポスト高学歴化社会に至ったと考えるのですが、日本の現役世代がその段階に至ったのは、じつはごく最近のことなのです。

図3-3は、現役世代について、大卒（短大・高専以上）／非大卒（専門学校進学を含む高卒と中卒）と性別を組み合わせ、大卒男性、大卒女性、非大卒男性、非大卒女性、という4つのカテゴリの構成を、生年ごとにみたものです。この図中には、前章で示した若年層と壮年層を切り分ける40歳の生年区分を、破線によって示しています。そのため現役世代は、8つに切り分けられています。

この先の分析のために、この図から現役世代の構成を確認しておきます。

この年齢幅でみるとき、同年人口には、団塊ジュニアをピークとした緩やかな増減がみられます。そのピークにあたる1974生年から左が、調査時点で50代と40代であった壮年層

図3－3　生年別学歴分布

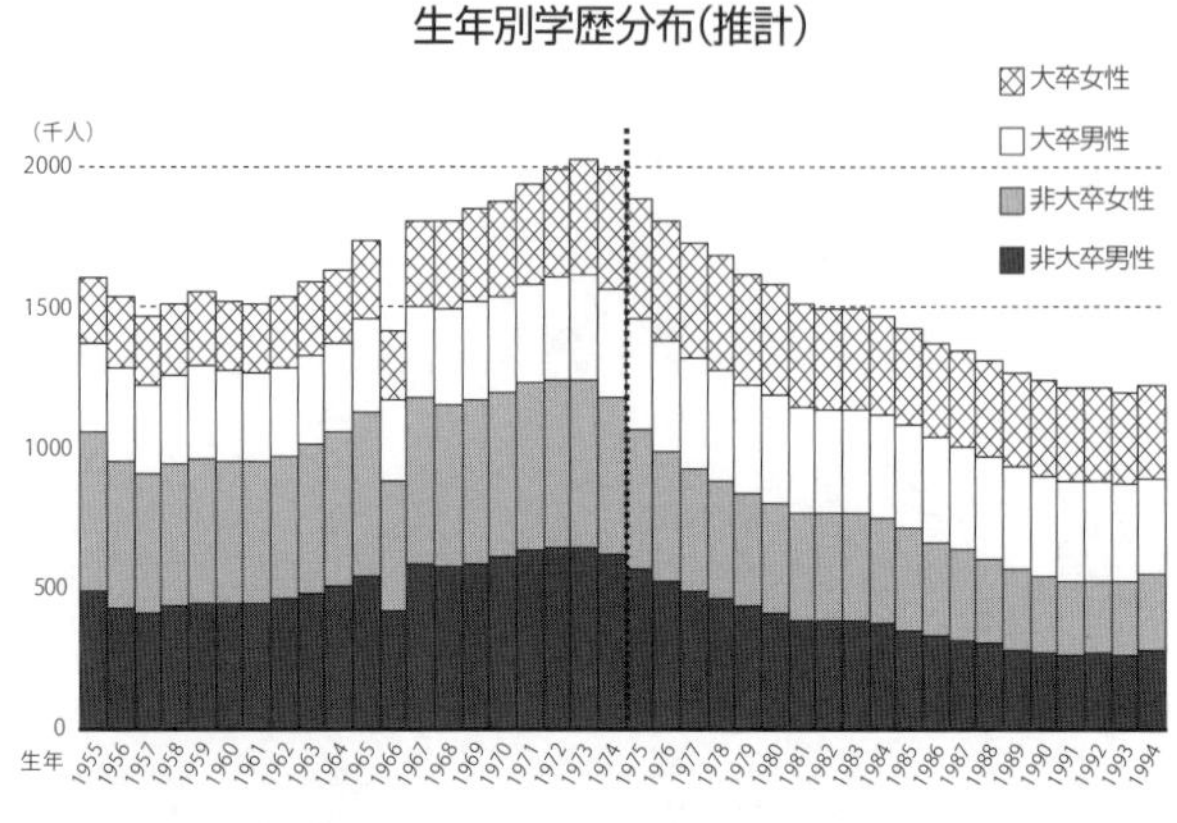

出所：2015年国勢調査と学校基本調査過年度統計をもとに推計

です。現代日本社会では、このように50代よりも40代のほうがやや人口が多いということを、この先では常に念頭に置いておいてください。ちなみに、グラフが1カ所だけ切り欠き状になっているところは、１９６６生年の「ひのえうま」です。

他方、１９７５生年から右半分は、調査時点で30代と20代であった若年層です。若年層は、そもそも壮年層より人口が少なく、若くなるほど同年人口が少なくなるという少子化傾向もみられます。ですから、先にも述べたように20代前半の狭義の若者の数は多くはなく（有効回収データではさらに少なくなります）、むしろ30代のボリュームがやや大きいということを頭に入れて、分析結果を解釈しなければなりません。

続いて大卒／非大卒それぞれの人数をみると、同年人口の増減にかかわらず、大卒層の数がほぼ同じ幅で推移していることがわかります。これは大学などの設置数と入学定員を文部科学省がコントロールしているためです。そして日本では、学歴の男女差がほぼ解消されているため、大卒男性、大卒女性、非大卒男性、非大卒女性という4つの層は、若年層でも壮年層でも、おおよそ等分された帯状に分布しています。

けれども、このグラフを年長世代（左方向）にさらに広げていくと、人口の多い団塊の世代が視野に入ってきます。そこでは大卒層は2割前後しかおらず、しかも男性に偏っていたため、セグメントの比率はこのように等分に近い状態にはなっていません。

学歴分断社会・日本――直視されない構造

多くの読者が実感しているとおり、大卒層と非大卒層には、就いている職種や産業、管理職への昇進のチャンス、仕事を失うリスクの大きさ、求職時の有利・不利、そして賃金において明らかな格差があります。さらに、ものの考え方や行動様式も異なり、友人関係や恋愛や結婚においても同じ学歴同士の結びつきが強く、日常生活においても異なる学歴の人と接する機会が少ないなどの傾向があります。

加えて、大卒学歴をもつ父母は子どもの大学進学を望み、両親が非大卒であると、子どもの大学進学率が低いという傾向があるため、ひとたび成立した学歴分断の構造は、世代を超えた慣性をもちはじめます。

つまり、現代日本は、大学・短大に進学するかしないかの選択が、その後の人生を分断していく社会なのであり、しかもそれが世代を超えて繰り返されはじめているのです。この観点で見直すと、さまざまに指摘される格差現象の少なからぬ部分は、大卒／非大卒のチャンスやメリットの違いを述べたものであるということがみえてきます。これが、学歴分断社会という考え方の概略です（吉川 2009）。

私がこの構造を指摘したのは、10年近く前のことですが、反論や異議を目にすることはあまりありません。文部科学省が毎年実施公表している学校基本調査で推移をみても、大学・短大進学率（過年度卒を含む）は、２００９年度の56・8％から２０１６年度の57・3％まで、50％台半ばでほぼ横ばい状態です。

他方、成人を対象とした社会調査データからは、学歴の世代間継承、大卒／非大卒の人生のチャンスやメリットの差の拡大、親学歴による教育格差などについて、学歴分断社会のさらなる進行が、想定したとおりに確認されています。

このことについては、「間違っていなかった」と胸を張りたいところですが、学歴分断社会は、だれもが薄々気付いていたけれど口にすることのなかった日本人の「社会常識」を、言葉にしてしまったもの、という評価を得て定着したようです。

若年ワーキングプア、正規・非正規格差、教育格差、勝ち組／負け組、上流／下流、子どもの貧困、さらには結婚できない若者、マイルドヤンキー、地方にこもる若者、地方消滅……次々に見出される現代日本の格差現象の正体は、じつはすべて「大卒学歴の所有／非所有」なのだ――。

これを言葉にしてしまうのは、たとえていえば、某テーマパークの世界的な人気キャラクターについて、「中に人が入っているのではないか」と公言してしまうようなものですから、「それ、言っちゃってもいいの？」というためらいを感じるのはよくわかります。

それにしても、わたしたちはなぜ学歴分断社会を直視するのを、これほどまでにためらうのでしょうか？

ひとつにはそれは、学歴というものが、変更することができないうえに無視することもできない、日本人にとって重要なアイデンティティになっているからです。アイデンティティに起因するチャンスやリスクを挙げ連ねることは、無用に人を傷つける結果になりかねません。

もうひとつの理由は、学歴・学校のプレゼンスはとても大きいのですが、その作用には功罪両面があって、単純に善悪を定めかねるところがあるということです。良いのか悪いのかはっきりしないグレーゾーンにあるものには、触れないようにして秩序を守る、それがタブーというもののそもそもの機能なのです。

しかし、高学歴化期が去り、学歴比率が安定・膠着《こうちゃく》した新局面に至っている日本社会において、いつまでもこの構造をタブー視していたのでは、深刻な分断の根源を見失ってしまうことになります。そこでこの章では、分断社会を「斬る」ためのこの主力理論を、本書の文脈に沿うようにアップデートして再提示することにします。

なお、この先では、「じゃあ、どうすればいいの?」という不安な気持ちになるかもしれませんが、本書の一貫した主張は、格差は「なくそう!」と叫ぶものではなく、わたしたちの逃れられない現実として、直視するものだということです。

学歴が人生の結節点となっている

いわゆる格差社会論では、当初は、世帯や個人の所得が主要な話題となっていました。２０００年前後のことです。

しかし、お金に目を奪われてばかりいたのでは、背後に潜《ひそ》む分断構造にまではなかなか気が回りません。私は社会学者ですから、他の社会では、エスニシティ間の対立や宗教対立、地域間格差、女性の地位向上など、民主主義の根幹にかかわる課題が考えられているのに、日本人にとって訴求力の強い格差のキーワードが「財布の中身」だということを、残念に思っていました。

けれども２０００年代後半になると、格差をめぐる議論はようやく拝金主義を脱して、働き方にまで及びはじめました。正規雇用／非正規雇用、リストラ、雇い止め、派遣切り、ワーキングプアなどの言葉が注目されるようになったのです。現役世代の大半は、労働の対価である所得によって家計を支えていますから、より重要な検討課題が働き方にあるとみるのは、ごく自然な流れだったといえるでしょう。

そして、そこからさらにもう一段、格差社会の「皮むき」を進めていくと、社会に出る時点までに人生の勝敗はほぼ決しているのではないか。そしてそこで全員が手にしている人生の「切符」は、他ならぬ最終学歴なのだ、ということに思い至ることになるわけです。

それでは、その学歴はどのようにして決まるのでしょうか。これを考えていくと、教育を受ける機会には、家庭の経済力、両親の学歴観、親の教育力、親の職業、親の学歴などの、出身家庭の特性が影を落としていることがみえてきます。この他に、住んでいる地域による有利不利もありますし、生年世代やジェンダーもまったく無関係にはなっていません。

子どもたちの能力や努力にかかわらず、どのような境遇に生まれたかによって、教育機会を奪われている人びとがいる、といういわゆる教育格差問題は、近年とみに話題になっています。これは、上層の出自であれば上層を維持し、下層の人びとはそこから抜け出せない、という世代間関係の固定化傾向を強めるはたらきをします。

この視点からみるとき、子どもの大学進学は親世代の子育ての到達点にあるということになります。ですから、学歴はだれのものなのかということを考えてみると、親が力を尽くして与えたものという意味では親のものだといえます。しかし、その後の人生の「切り札」となるという意味では、子ども自身のものだということになります。

学歴はつまり、社会的出身背景や、本人の能力、若年期の親子の努力を取りまとめ、職業キャリアや経済的な豊かさへと受け渡していく、運命と可能性、過去と未来の結節点にあるのです。学歴を現代社会の最大のキーワードにしているのは、ひとえにこの位置取りの重要性に他なりません。

正規の「格差生成装置」

ここで強調しているように、学歴には親から子へと受け渡される「資産」としての面が確かにあるのですが、それはいわば裏事情であり、表立っていわれるのは、本人の学校での努力によって成し遂げた結果だということです。この点で、生年世代やジェンダーなどの生得的な属性とは区別して、学歴は「成し遂げた属性（アチーブド・アスクリプション）」であるといわれます。

この表向きの理念をことさら強調したのは、明治の初めに近代民主主義を説いた福澤諭吉です。彼は、次のように言い放っています。

天は人の上に人を造らず人の下に人を造らずと言えり。…（中略）…されども今広くこの人間世界を見渡すに、かしこき人あり、おろかなる人あり、貧しきもあり、富めるもあり、貴人もあり、下人もありて、その有様雲と泥との相違あるに似たるは何ぞや。

その次第甚だ明らかなり。実語教に、人学ばざれば智なし、智なき者は愚人なりとあり。されば賢人と愚人との別は、学ぶと学ばざるとによって出来るものなり。…（中略）…人は生まれながらにして貴賤貧富の別なし。ただ学問を勤めて物事をよく知る者は貴人となり富人となり、無学なる者は貧人となり下人となるなり。（福澤 1942: 11–12）

ここまで激烈にいうのはどうかと思いますが、要するに福澤は、学歴は各自の努力によって獲得したものなのだから、それに基づいて格差が生じるのは正当なことだと言っているわけです。

学校教育は、義務教育段階までは、同年生まれの人びとをみな同じ水準にまで伸ばしていくことに重点をおいています。しかし最終的なアウトプットとしては、異なる水準の学歴集団をあえて作って、社会に送り出します。これが、教育の人材の選別・配分機能といわれるものです。

つまり学校教育は、平等なルールの自由競争に基づいて人材に序列をつけて、社会に効率よく配分する、「格差生成装置」なのです。それゆえに学歴による人生の「歩幅」の違いは、公認されたものだといわざるをえないのです。

近代社会に、この強力な「格差生成装置」が導入された理由は、労働力の水準を底上げするためとか、ナショナル・アイデンティティを教導するためとか、いくつかあるのですが、ここで重要なことは次の二つです。

一つ目は、産業経済のニーズに合うように、異なった知識・技術水準の人材を育て、規格を統一して社会に送り出すということです。二つ目は、親の社会的地位が、直接子どもに受け渡されないように、親の力の及ばない公的なしくみを、世代間に「フィルター」として挟み込むということです。

これらの意味で、学校教育は、それぞれの社会が「永遠の課題」として抱えている、階級、民族、ジェンダー、地域などによる不平等を緩和し、個人の能力に応じて人材を並べ替えて統一したラベルを貼って送り出す、近代民主主義の特効薬であるはずでした。ですから、学歴によって人生のチャンスが大きく異なるのは、近代社会の理想状態だというのが、福澤が人びとに学問を「スヽメ」た理由だったのです。

ただし、福澤の誤算は、こと日本社会においては、階級、民族、ジェンダー、地域などによる社会的不平等が、他社会のように深刻ではなかったということです。もちろん、これらの問題に目をつぶろうというわけではありませんが、アメリカのエスニシティ問題や、フランスやイギリスの歴史に根差した階級構造、国土の広大な中国の農村部と都市部の隔絶、イスラム原理主義社会における過酷なジェンダー差などを思い浮かべれば、日本における繊細な不平等は、マグニチュードが異なる課題だ、ということは理解していただけるはずです。そこにかかわる人びとが、命がけで争うほどの、深刻な対立ではないからです。

この春霞がかかったように穏やかな日本社会に、激烈な学歴至上主義が取り入れられたのは150年前のことです。その後今日まで、日本人はおよそ6～7世代にわたり、学歴を競い合う世代間移動を繰り返してきました。この間に、不平等を解消する手段であったはずの学校教育それ自体が、独走気味に社会的プレゼンスを巨大化させ、社会経済的地位の中核の位置を占めてしまったのです。

これこそが、教育社会学者の天野郁夫（1992）や竹内洋（1995）が指摘してきた、日本型学歴社会の姿です。というわけで、福澤自身が理想を掲げて設立した慶應義塾も、いつしか日本型学歴社会の一端を担う存在になっているのです。

18歳の岐路――学歴分断線を越えるか、越えないか

大卒／非大卒を切り分ける境界を、私は学歴分断線と呼んでいます。この線の重要性につ

いては、だれしもおおいに実感があるとは思うのですが、ここできちんと定義しておきます。
学歴分断線とは、高卒後に短大・大学に進学するか（大学進学浪人も含みます）、高卒就職や専門学校進学をするかどうかの区分線です。これは、高等教育について定めた法律に従ったものでもあるので、政府系の統計データのほとんどは、この線で区切った数値で公表されます。学歴についてのさまざまな区分のうちで、この学歴分断線の意味の大きさは他を圧倒しています。

ＳＳＰ２０１５によって、現役世代全体の学歴構成を詳しくみると、四年制大学卒は約28％、短大（大半は女性）・高専卒は約15％、大学院卒が約４％であり、これらを合計した大卒層の比率は、前述した45・５％となります。なお、この20年ほどの目立った動きとして、女子の短大進学者が減り、その分だけ女子の四年制大学進学者が増えているということがあります。しかし、これは大卒層内部の構成変化ですから、学歴分断線の位置づけには関係してきません。

一方、非大卒層の内訳は、中卒が全体の約４％、高卒が約36％、専門学校卒が約15％で、これらを合計すると53・６％となります。

ここで考えなければならないのは、今の若い世代が主要な「進学先」のうちの一つとみなしているる専門学校をどう扱うかということです。この進路を高卒就職と区別すべきかどうか、あるいは短大・大学進学者と同じカテゴリに含めて考えてもよいのかどうかは、確かにグレーゾーンにあり、教育社会学者の考え方としても諸説があるようです。学歴分類によって何を明らかにしようとしているのかという目的にもよるのですが、私が現役世代の分断をみるときの基本的な考え方は以下です。

専門学校は、高校の普通科などでは身に付けることができない、特定の職に就くための知識や技能および資格を得ることを目的とした学校です。したがって、実質はどうあれ、特定の職業をイメージして、そこに向けた準備をするというのが本来の性質です。だから、入学者選抜に厳しい試験が課されることがなく、希望すればほぼだれでも入学することができるのです。そして修了後に手にする能力は、大学が提供するようなユニバーサルな（普遍性の高い）知識・技能ではなく、特定の職種に就くためのものです。

手にした知識・技能の有用性にもよりますが、専門学校は一般に「潰《つぶ》しが効かない」学歴だということになります。ですからたとえば、ファッションデザインの専門学校に進学したのちに、スマートフォンの販売店員になれば、事実上の学歴は高卒扱いになってしまいます。

この先の社会では、仕事に必要な知識や技能が速いペースで変わっていくなかで、転職の多い職業キャリアを経験する人がますます増えていくことが予想されます。専門学校で学んだ知識・技能は、ただちに使うのならば問題ありませんが、いつまでも仕事を得るための決め手にできるわけではありません。

そうしたことを考慮すると、専門学校進学者については、高卒後もう一段上の「切符」を手にする人生コースだとみるよりも、20歳前後の早い段階で特定の仕事に就くことを視野に入れた、非大卒の人生コース選択だと考えるのが妥当だということになるのです。

なお以下では、いずれの学校段階についても、中退は卒業に含めて計算し、海外の学校卒の場合は、日本の学歴に換算して組み入れています。公的な統計データでは、中退は学歴取得とはみなされていないのですが、調査における質問項目設計の性質上、ここではこのように扱うことにします。

再チャレンジを許さない社会

このように、現代日本人にとって18歳の岐路は、後の人生を大きく左右する重要なものとなっていて、実際にほとんどの日本人の最終学歴は、20歳くらいまでにほぼ確定します。

しかしアメリカなどでは、リカレント教育と呼ばれる社会人の就学がさかんで、制度的にも奨励されています。そのため、30歳を過ぎてから大卒学歴を得るという人も少なくありません。しかし日本の現役世代の場合、社会人としての人生の途上で、学歴を更新する人はそれほど多くありません。

日本でアメリカ型のリカレント教育がなかなか浸透しない事情はいくつかありますが、最大の理由は、経済的な利得が確実ではないということではないかと思います。

周知のとおり、日本の大学の学費の私的負担は高額で、私立四年制大学文科系で考えると、卒業までに、少なく見積もっても400万円ほどかかります。社会人の場合は、その間、職業キャリアを中断するか、働き方を調整しなければなりません。するとその分の逸失《いっしつ》所得が生じますので、差し引きすると、人生の途上で1000万円近くを自分自身に投資することになります。18歳で高卒就職して給料を得るか、大学進学して学費を払うかということの差し引きも、同じように1000万円程度だと考えることができます。今の日本で大卒学歴を「買う」には、これだけの大金がかかるのです。

ところが、日本では高卒層と大卒層の賃金格差は約1・64倍で、これはOECD平均とほぼ同じ程度ですから、あまり大きいとはいえません。しかも、後ほど示すとおり、学歴別に年齢と賃金の関係をみると、社会に出て20年ほど経たなければ、大卒学歴のメリットは大きくなりません。これはもちろん、どのような大学を卒業し、どのような専門知識や資格を得るかということによっても異なってくるのですが、一般に、自分自身に高額の投資をして大卒学歴を手にしても、ただちにそれが目覚ましい経済的なメリットを生むわけではないのです。この点で、日本の学歴社会は、社会に出てからの再チャレンジを許さない社会だということができます。

今の政権は、学び直しの奨励に着手し始めています。詳細はまだみえてきませんが、これにより学歴分断社会の特性が変わっていく可能性もなくはありません。しかし先述したタイムラグもありますので、10年とか20年のスパンでみるとき、いったん完成した日本人の大卒／非大卒フィフティ・フィフティの学歴構成に、急に大きな変化が起こることは考えにくいでしょう。

スポンジケーキの上のミルフィーユ

学歴分断社会の理屈はわかったけれども、このように約半数の大卒層をひとまとめにして扱う見方は、自分の学歴観には合わない、と感じる人がきっといると思います。日頃自分が気にかけている学歴差はもっと細かいもので、たとえば○○大学と○○学院大学のネームバリューや難易度の違いだというわけです。こうした大学銘柄（あるいは学部名）がもつ「ブランド力」は、学歴とは区別して、学校歴と呼ばれます。

学校歴についてまず確認すべきことは、大学銘柄の競い合いというのは、学歴分断構造の上に成り立っている、別の「学歴ゲーム」だということです。学歴分断社会にあっては、大卒層は履歴書に「○○大学卒業」という最終学歴を書きさえすれば、たとえそれがいわゆるFランク大学であっても、採用枠や待遇面で、非大卒層に対しては競《せ》り勝ちやすくなります。大卒学歴をもっているだけで、労働市場の半分より下に落ちるリスクを深刻に考えなくてもよくなるのです。これはいわば「ガラスの床」の上にいるようなものです。

予備校が提供する入試偏差値の高さや、大学ブランド名の繊細な優劣を競い合う「学歴ゲーム」に興じているプレーヤーは、「ガラスの床」の上にいるこの約半数に限られるのです。それゆえに、学校歴の競い合いは、失業や所得減のリスク回避をめぐる切実な見極めではなく、あくまで人生においてさらに大きなチャンスを得るには、どちらの大学名が有利にはたらくかという、学校歴を「掛け金」とした獲得競争ゲームになるのです。

逆に、非大卒層にとって実質的に意味をもつ学歴とは、どこの高校であれ、とにかくちゃんと卒業していて、「高卒程度」という求人に応募できる、という雇用資格のことです。雇用する側も、〇〇学園高等部、〇〇工業高校機械科などの高校名や学科名を、大卒層が大学名をみるときのように重視するわけではありません。確かに少数の中卒と、大多数の高卒の間には差がありますが、非大卒層は実質上、大卒層ではないということで一括される均質な集団となっていて、そこにはゲーム的な小競り合いの要素はありません。

そして、かれらにとっての学歴分断線は、上位の仕事がみえてはいるけれど、自分には手が届かない、ということを思い知らせる「ガラスの天井」となっているのです。社会のしくみとしては、このように上昇を遮蔽《しゃへい》している学歴分断線のほうが、上位半数のための繊細な地位上昇ステップである学校歴よりも、重要度が高いと私は考えます。

さらに、非大卒層は大学受験の経験がないため、大学ブランドの違いを識別することができず、そもそもそんなことに高い関心ももっていません。ですから、東京の有名大学卒であろうが、地方の〇〇産業大学卒であろうが、国公立大であろうが、私立大であろうが、ただ「自分たちと違って、大卒なのだな」とみるだけです。この点で、かれらは学校歴競争の傍観者となっているのです。

また、大学受験をしていなければ、大手予備校の人気講師が出演しているバラエティ番組にも、「高学歴芸人」が難しいクイズに答える番組にも、いまひとつ興味がもてないでしょうし、箱根駅伝に出場している大学の名前にもなじみがない人が多いはずです。

このような日本の学歴社会の構造は、イメージとしては、スポンジケーキのうえにミルフィーユが載っている洋菓子にたとえることができます。なぜならば、下半分にはほぼ均質な非大卒層がいて、その上に、薄いパイ生地が幾重にもなったように、入試偏差値で輪切りにされた大学の学校歴が乗ったような形状になっているからです。

全体をみた場合、日本の学歴は、「食感」の異なる上下2つの層で出来上がっていて、まさに分断されているというわけです。そして、下半分のスポンジ層が、雇用をめぐるリスクや、不利な雇用条件を引き受ける緩衝《かんしょう》材になってくれているから、大卒ミルフィーユ層は、軽やかな感触のままで上に載っていられるのです。

ビジネス雑誌や就職情報誌などでは、「学歴は関係なくなった」「学歴の差は社会に出てからの人間力によって逆転可能！」というような記事をみかけます。しかし、そこでいわれているのは、あくまで大卒新規採用枠のなかで、個々の人間力が見極められるようになって、学校歴の有効性が絶対ではなくなってきたということです。大学に行っても意味がない社会になりつつある、という話では決してありません。

かつて、マルクスの流れをくむ教条的マルクス主義者たちは、「生産手段の所有／非所有」

によって、あらゆる社会問題を説明しようとしました。しかし、この先の日本社会全体を見渡して、そこにある格差問題を考えるとき、あるいはビジネスパーソンとして顧客のニーズを考えたり、文化や社会意識について現代日本社会全体の動向を知ろうとしたりするとき、わたしたちはむしろ、「大卒学歴の所有／非所有」がもつ意味の大きさのほうを認識すべきなのかもしれません。

第4章　人生の分断

「8人」のレギュラーメンバー

ここまで、現代日本の現役世代について、壮年／若年、男／女、大卒／非大卒という3つの分断線によって切り分ける考え方を説明してきました。これらを組み合わせると、現役世代は8つのセグメント（類型）に分けられます。それぞれを若年非大卒男性、若年非大卒女性、若年大卒男性、若年大卒女性、壮年非大卒男性、壮年非大卒女性、壮年大卒男性、壮年大卒女性と呼ぶことにして、プロフィールや暮らしぶりをみていきましょう。

国勢調査をもとに、8つのセグメントの人口（表4‐1）をみると、最年長の一部で大学進学率が低いため、壮年非大卒男性1011万人（16・8％）と壮年非大卒女性1062万

表4－1　セグメントの構成

セグメント	2015年国勢調査人口	比率	SSM2015	SSP2015
若年非大卒男性	676万人	11.2%	449人	256人
若年非大卒女性	652万人	10.8%	556人	321人
若年大卒男性	711万人	11.8%	418人	293人
若年大卒女性	682万人	11.3%	510人	309人
壮年非大卒男性	1011万人	16.8%	714人	453人
壮年非大卒女性	1062万人	17.6%	945人	571人
壮年大卒男性	649万人	10.8%	489人	364人
壮年大卒女性	582万人	9.7%	587人	394人
総数	6025万人	100.0%	4668人	2961人

図4－1　セグメントの人口比率

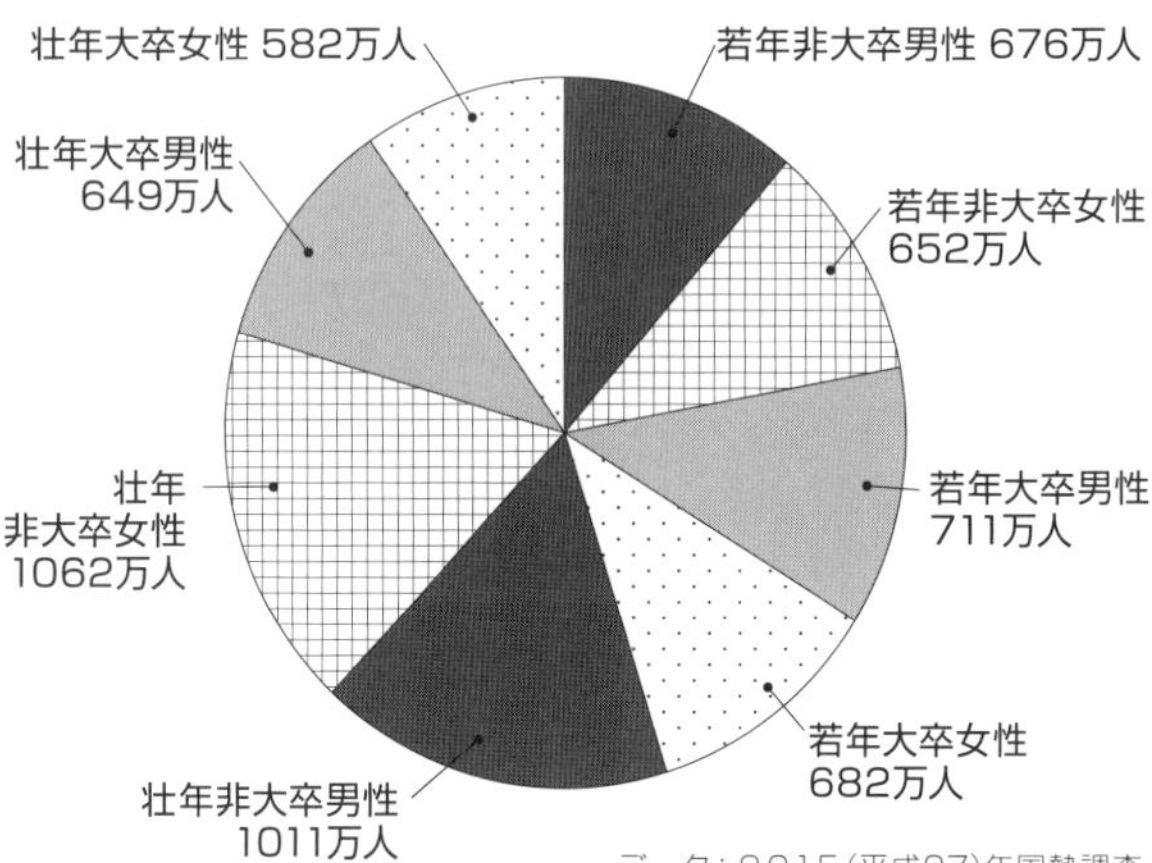

データ：2015（平成27）年国勢調査

人（17・6％）がやや多くなっています。しかし、その他のセグメントは、いずれも現役世代の1割前後にあたる582万～711万人という人口規模です。少し戻って前章の図3－3の生年別学歴分布も確認しておくと、それぞれの位置取りが、さらに理解しやすくなると思います。

これを円グラフで表すと、8つのセグメントがおおよそ同程度の重みで現役世代を構成していることがわかります（図4－1）。なお、表4－1には、実際に分析していく2つの調査の有効回収数を示しています。以下では、とくに断らないかぎり、ここに示した人数が各セグメントのおおよその有効ケース数となります。

すでに述べたとおり、現役世代6025万人は、日本の総人口のほぼ半数にあたり、8つのセグメントは、いわばチームジャパンの「8人」のレギュラーメンバーだとみることができます。以下では、わたしたちの日常生活に対応した、顔のみえる水準にとどまって、データを整理していきます。ですから私は、この「8人」に該当する自分の知人や、調査に協力していただいた方の顔を思い浮かべながら、結果をみていくようにしています。

この「8人」は、次世代を産み育てるステージにある人たち、この先の日本社会を長く支えてくれる人たち、高いスキルをもった人たち、体力が必要な仕事を受けもつ人たち、勤務時間が長くなりがちな人たち、企業や行政などの組織を取りまとめる人たち、培《つちか》ってきた経験を生かす人たち、コミュニティや地域を動かす人たち……というように、それぞれの立ち位置に応じた役割を担っています。

わたしたちは、分断線を越えてポジションを入れ替わることはできないわけですから、この布陣は「ゾーンディフェンス」です。わたしたちに許されているのは、自分の持ち場を離れることなく、フォローの手を差し伸べることだけです。

それゆえに、この「８人」のなかに、力を発揮できない状況におかれた人がいると、社会全体がうまく回らなくなってしまいます。しかし「分断社会日本」という私の見立てが正しいとすれば、「８人」の人生・生活には、明確な不均等が見出されるはずです。

稼得力：４・７倍の格差

まず経済力からみていきましょう。図４‐２は、個人年収（単位は万円、無職・無収入を含む）の各セグメントの平均額です。これ以降このようなシンプルなグラフを示して「８人」を見比べますが、結果の解釈は、多元配置の一般化線形モデルの効果サイズの確認(partial eta 値)、多重比較下位検定（ｔ値)、クロス集計表の残差の検定などを経て、５％

水準の統計的な有意性に基づいて行ないます。

このグラフでは、女性の個人年収が男性より大幅に少ないことが目を引きます。このことの背後には、女性では、管理職などの高給職に就いている人が少なく、パート就労などの非正規雇用率が高く、労働時間が短く、出産や子育てのための職業キャリアの中断を余儀なくされている人が多い、などのことがあるのはよく知られているとおりです。

ですが、理由が何であるにせよ、現代日本社会における女性一人の稼得力は、どのような立ち位置にいようとも、生活保護水準とあまり変わらないということになりますから、当事者である女性たちにとっては、貧困と表裏をなす深刻な現実です。男女共同参画を掲げている現代日本社会にあって、個人年収の主要な分断構造が依然としてジェンダー差であるということの事実を、わたしたちはよくわきまえなければなりません。

そのうえで、このグラフからは、壮年層の年収が若年層よりも多いことと、大卒層の年収が非大卒層よりも多いことによる、右肩上がりの傾向を読み取ることができます。これらもすでに常識として知られていることですが、注目したいのは、個人年収の学歴差が、壮年層において大きくなっているということです。

具体的にいえば、若年男性における個人年収の大卒／非大卒の比は1・18倍にすぎません

図4－2　個人年収の格差

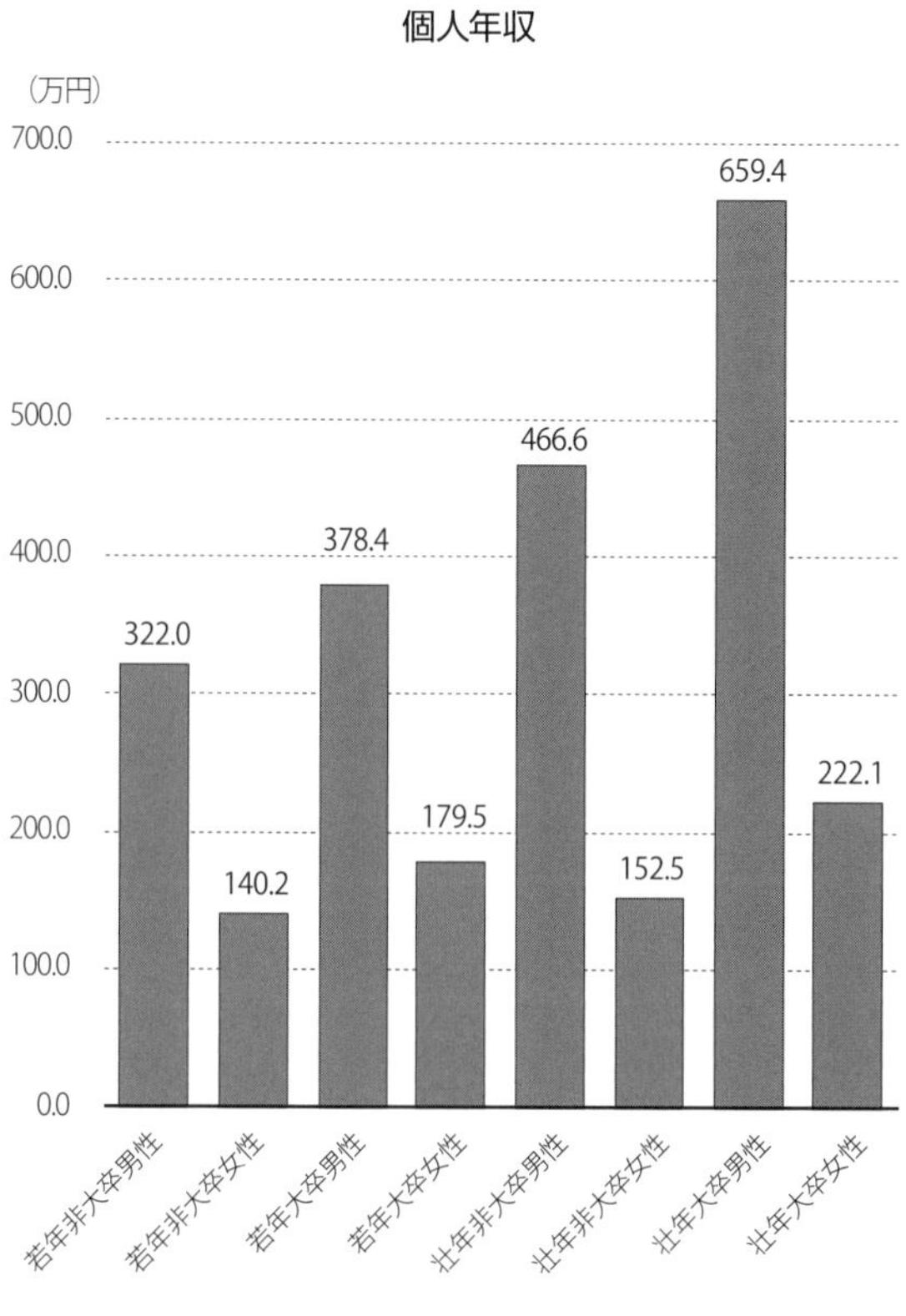

データ：SSM2015

が、壮年男性では1・41倍になります。女性でも同様で、若年女性における学歴間の収入比は1・28倍ですが、壮年女性では1・46倍になっています。これは、バブル周辺世代とゆとり周辺世代で、大卒学歴の価値に違いがあるということではなく、社会に出てからの長さの違いによるものだと考えるのが妥当でしょう。

このことの背後にあるしくみを、別の統計を用いて確認しておきます。図4-3は、2016年度の賃金構造基本統計調査のデータで、被雇用者に限って、年齢段階ごとの大学・大学院卒の賃金労働者と、高卒賃金労働者の月収を示したものです。グラフ中には、図4-2との対応がわかるように、40歳の生年区分を破線で示しています。

これをみると、20代前半では学歴間賃金格差はさほど大きくはありませんが、高卒賃金がその後あまり伸びないために、人生の経過とともに差が開いていくことがわかります。最も顕著になる50代前半では、大卒男性は高卒男性より月収が約19万円も多くなっています。

女性でも、グラフのかたちに大きな違いはなく、やはり人生の後段になるほど、学歴による稼得力の差が開いていきます。

もう一度図4-2に戻ると、ジェンダー差、年齢差、学歴差という3つの要因が重なるため、壮年大卒男性の個人年収(659・4万円)は、他の「7人」より突出して高く、最も

図4−3　高卒・大卒賃金格差（月収。上：男性、下：女性）

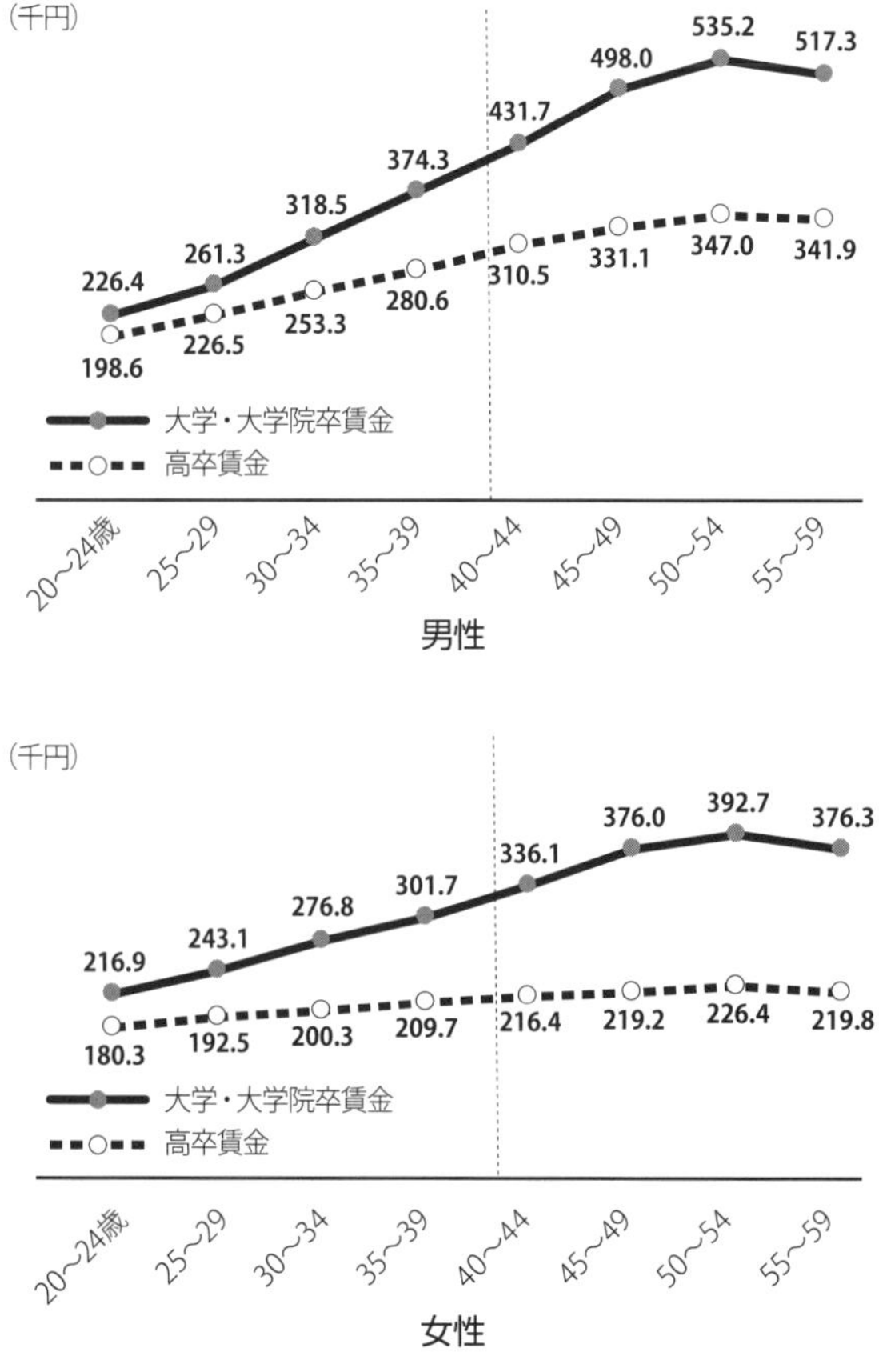

データ：2016年賃金構造基本統計調査

低い若年非大卒女性の個人年収（140・2万円）の約4・7倍にもなっていることがわかります。

ところが、有職者の月当たりの就労時間をみると（図4‐4、データはSSP2015）、男女差は確かにありますが、せいぜい1・5倍程度で、個人年収にみられたように何倍も開きがあるわけではありません。つまり、女性の労働単価は、男性よりも低いということになります。

さらに男性「4人」について比較すると、有職者の就労時間にはほとんど違いがみられません。しかも、いずれもほぼ一日8時間、週5日勤務に相当する水準ですから、それぞれが産業経済セクターを懸命に支えていることがわかります。にもかかわらず、若年非大卒男性の年収（322・0万円）は壮年大卒男性（659・4万円）の半分以下なのですから（図4‐2参照）、ここにも労働単価の著しい隔たりがあることがわかります。

生活の基盤となる稼得力がこれだけはっきりと分断されている状態で、自由競争を経済活動の基本ルールにすれば、勝敗は目にみえています。いくら「総活躍」といわれても、全員が同じように力を発揮できるわけではないのです。「8人」のメンバーが偏りなく産業経済を支えるには、それぞれの立ち位置の有利・不利を考慮しつつ、きめ細かい政策を整備して

図4－4　月当たりの就労時間

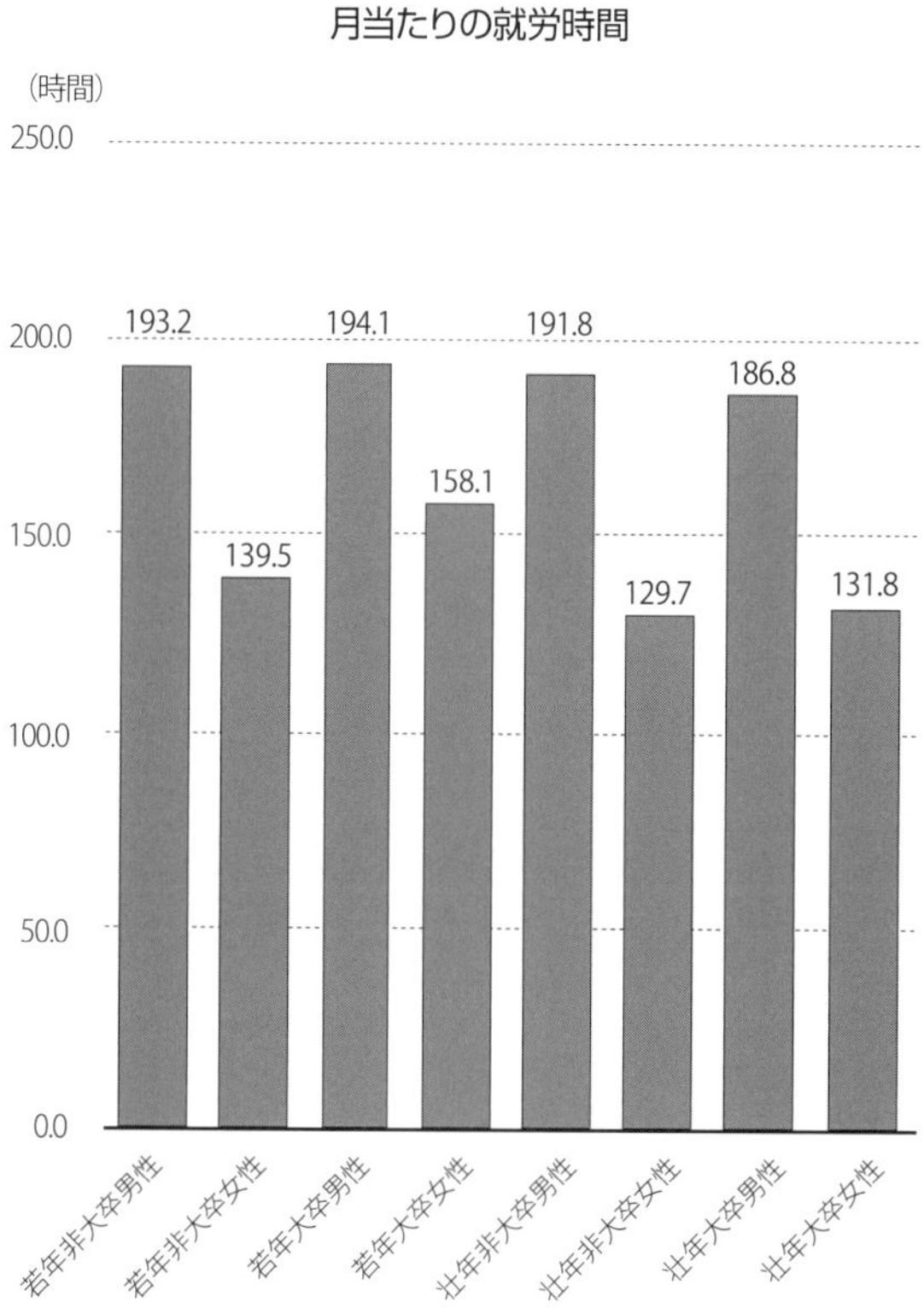

データ：SSP2015

いくことが重要だといえます。

家計：1日1万円の豊かさの開き

では、家計の豊かさを表す世帯年収はどうでしょうか。

現役世代の場合、対象者とその配偶者が稼得者である世帯が標準的なのですが、ほかにも親世代が主たる稼得者である場合や、親世代にも子世代にも収入がある場合、一人親世帯、単身世帯など、さまざまなパターンがあります。そのため、きちんとみようとするときは、世帯人数で調整したり、それをさらに対数変換したりして指標化することもありますが、ここでは、わたしたちが最も実感を得やすい「年収〇〇万円」という実額をもとに考えます。

図4‐5は、世帯年収（単位は万円。0万円回答を含む）の各セグメントの平均額をみたものです。世帯単位で経済格差をみると、個人年収にみられた著しいジェンダー差は解消されています。そのしくみは、ごく大まかにいえば次のようなものです。

大半の現役世帯の基盤となっているのは、対象者とその夫か妻の配偶関係です。当たり前ですが、これは同世代の一人の男性と一人の女性が経済的な面で協力しあっているということです。そしてもう一つ、夫婦には、同じ学歴同士で結婚しがちであるという、学歴同質性

図4－5　世帯年収の格差

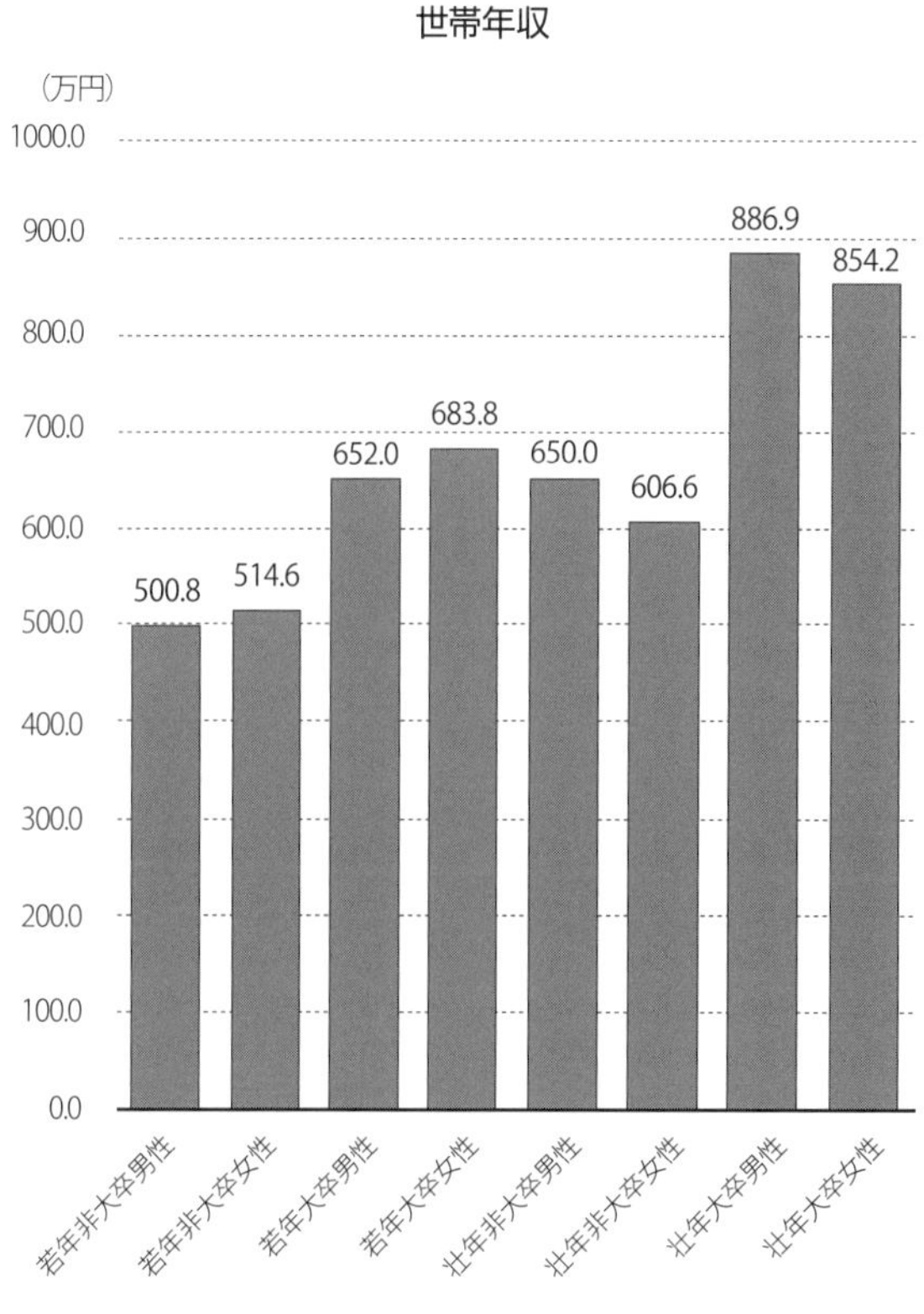

データ：SSM2015

があります。これらが大きな要因となって、世帯年収をみると、個人年収をみた図４‐２で隣り合っていた男女のグラフを積み上げたようなかたちになり、稼得力の男女差が相殺されるのです。たとえば、若年非大卒男女の約５００万円という年収額は、若年非大卒男性と若年非大卒女性の個人年収を足し合わせた約４６０万円と近いものになっていることがわかると思います。

したがって、このグラフは事実上、若年非大卒世帯、若年大卒世帯、壮年非大卒世帯、壮年大卒世帯という４つのタイプの世帯の分断を表すものとして読んでいくことができます。もちろんここには、単身、親世代との同居、一人親世帯などの、（学歴）同類婚夫婦をベースとしない世帯も含まれているのですが、後述するとおり、そうした場合でも、家族（世帯内）には強い（学歴）同質性がありますので、結果的に世帯のパターンはこの４つになります。

ここでわかるのは、大卒世帯のほうが非大卒世帯よりも収入が多く、壮年世帯のほうが若年世帯より収入が多いという傾向です。これは、個人単位でみられた経済格差が解消されることなく蓄積され、世帯間に経済格差を生じさせているということです。

要するに、稼得力の大きい個人は、同質の家族と世帯を構成するため家計も豊かになりがちですが、稼得力の小さい個人の場合は、同質性の高い世帯構成員を合算しても、なかなか世帯は豊かにはなりにくい、という構造があるのです。

全体をみると、壮年大卒世帯が最も豊かであり、壮年非大卒世帯と若年大卒世帯が標準的な豊かさでこれに続き、若年非大卒世帯が最も貧しいという順序を確認できます。そして、壮年大卒層と若年非大卒層の世帯の豊かさの格差は、およそ３７０万円にもなっています。両世帯の間には、１日につき１万円以上の豊かさの違いがあるということですから、これも分断社会という表現に見合う深刻な実態です。

仕事：偏った分業

では、仕事についてはどうでしょうか。

わたしたちの仕事とのかかわりは、一人ひとり異なります。ここでは、全体の傾向をみるために、仕事を「働き方」と「職種」という2つの観点で捉え、大まかなカテゴリに分けてみていきますが、それでも結果はやや複雑なものになります。

図４‐６は、経営者・役員、正規雇用、非正規雇用（派遣社員などを含む）、自営・家族従業者、および無職という働き方（雇用形態）をみたものです。続く図４‐７は、現在就い

ている職種を、専門職、管理職、事務職、販売職、ブルーカラー（手や体を使う仕事なので、マニュアル職ともいわれます）・農業（この世代ではごくわずかしかいません）および無職という6分類でみたものです。なお、仕事にかんする分析では、大学などに在学中の学生は除いて分析しています。

まず図4－6に示した働き方をみると、ここでも男女差が明らかです。それは、女性では生年世代や学歴にかかわりなく、無職者（多くは仕事を探していない専業主婦・家事手伝い）が4分の1近くを占めていることと、無職者を除いた女性有職者のうちの4割ほどが非正規雇用（多くはいわゆるパート就労）であるということです。SSM2015データでは、無職者と非正規雇用がやや多めに出る傾向があるのですが、そのことを差し引いて考えても、日本の産業経済は、現役世代の女性がもつ能力を、まだ十分に活用できていないことが一目瞭然です。

さらに女性について、4つのセグメントを見比べると、大卒女性ではほぼ半数が正規雇用または自営（含、家族従業者）であり、その職種のほとんどはホワイトカラー（専門職、管理職、事務職、販売職）です。他方、非大卒女性では、非正規雇用の比率が大卒女性より少し高く、職種ではブルーカラー職の比率が少し高くなっています。ただし女性内部における

図4－6　働き方の異なり

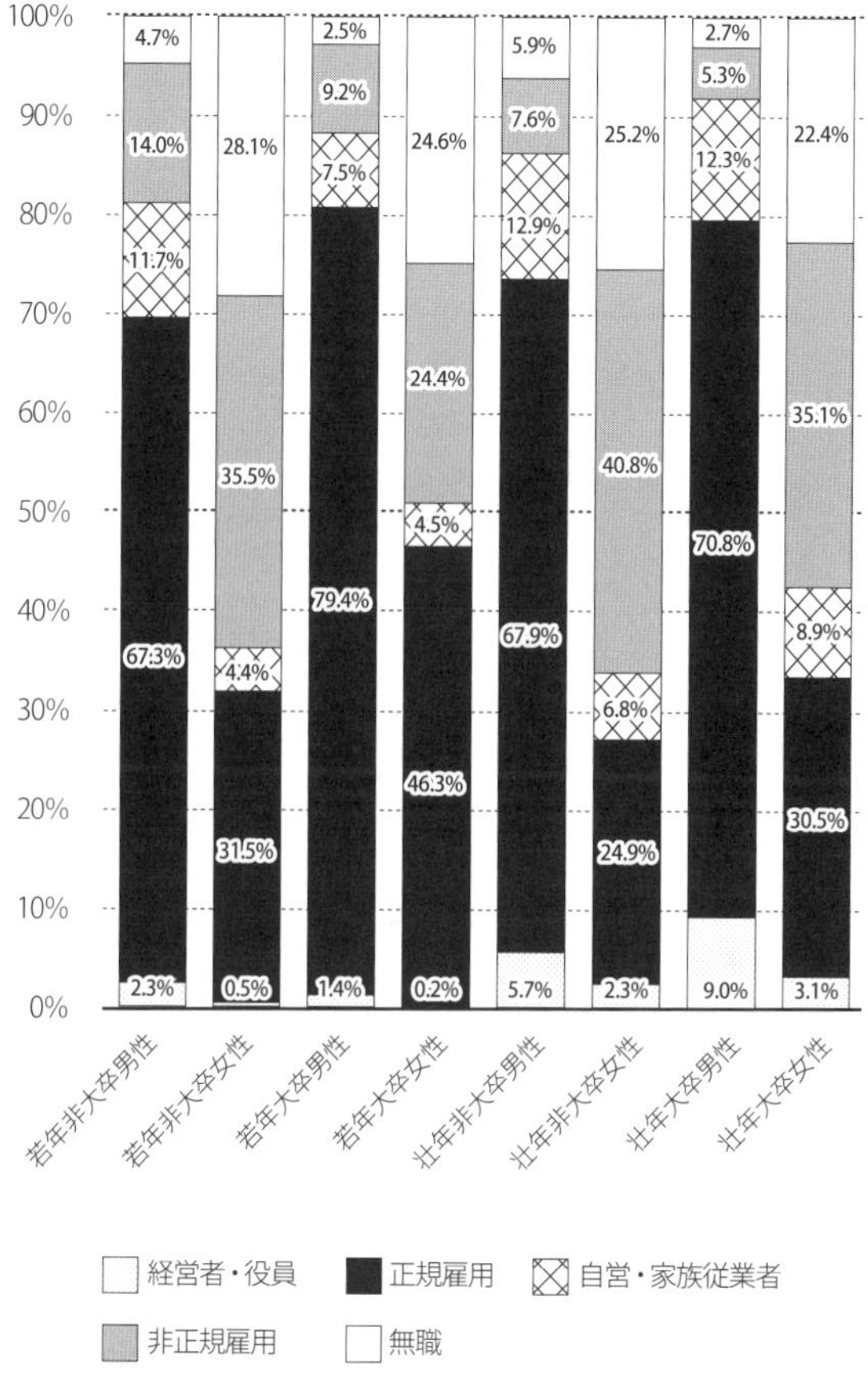

データ：SSM2015

働き方のこうした違いは、さほど鮮明ではありません。

これに対し男性では、細かなばらつきはありますが、いずれのセグメントでも、8割から9割がフルタイム常勤の仕事（経営者・役員、正規雇用、自営）に就いています。

図4-7の職種の異なりにかんして男性で目立つことは、専門職従事者が大卒層に大きく偏っていることと、ブルーカラー・農業従事者が非大卒男性に大きく偏っているということです。専門職というのは、日々の仕事に特別な知識と技能を要する職種を指します。医師や法曹職はもちろんのこと、教員、薬剤師、建築士、税理士、看護師、介護福祉士などのように、取得の難しい資格を必要とする職種は、いずれも専門職です。

グラフをみると、大卒層では生年世代や性別を問わず、約3割が専門職に従事していますが、非大卒層では1割前後です。男性の職種の異なりのもうひとつの特徴は、非大卒男性のブルーカラー職の多さですが、これについては後ほどあらためてみていきます。

セグメントごとの特徴をみていくと、労働市場において抜きん出て有利な位置にいるのは、ここでも壮年大卒男性です。まず、かれらの10人に1人以上（11・0％）が管理職であるということが目を引きます。管理職とは、大企業の課長以上に相当する職に就いている人や、経営者・役員を指します。

図4－7　職種の異なり

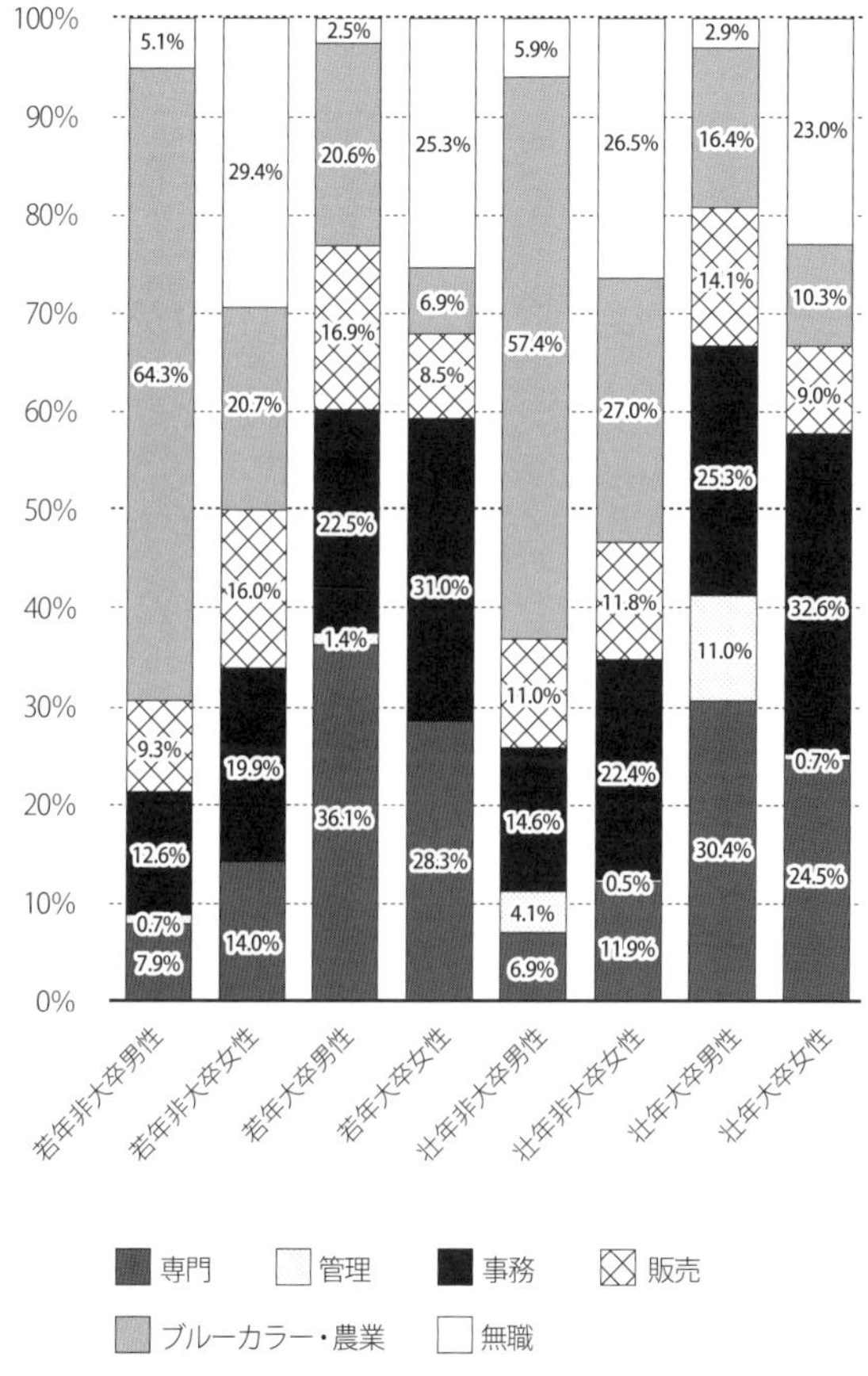

データ：SSM2015

ちなみに、同世代の壮年大卒女性をみると、管理職比率はわずか0・7%にすぎません。

さらに、壮年大卒男性では、8割以上がホワイトカラー職に従事しており、働き方についても、他の男性たちよりも無職や非正規が少なく、安定した雇用状態にあることがわかります。

しかし、彼らの「予備軍」である若年大卒男性の様子は少し異なっています。まず、大卒学歴をもちながら、ブルーカラー・農業に従事している人たちが、2割を超えていることがやや驚かされる数字です。働き方についてみると、無職者は少ないのですが、9・2%という非正規雇用率の高さが目立っています。壮年大卒男性と若年大卒男性の間では、個人年収に300万円近い差があるということも想起しておくべきでしょう。これらの点で、同じ大卒男性といっても、若年大卒男性の仕事は、壮年大卒男性ほど豊かで安定した状況には至っていないのです。

次に、若年・壮年の非大卒男性をみると、働き方にかんしては、無職率が5%前後と大卒男性よりやや高いことに気が付きます。さらに、図4-6の左端の若年非大卒男性に注目すると、非正規雇用率が14・0%と、他の男性セグメントよりも高くなっています。

理由はさまざまにあるとは思いますが、働き盛りであるはずの非大卒男性の、20人に1人が仕事をしておらず、若年非大卒男性においては、5人中4人しか正規職に就いていないというのが、今の日本の現実なのです。

さらに、彼らの就いている職種に目を転じると、先に触れたとおり、ブルーカラー・農業（ほとんどが被雇用ブルーカラー）の比率が圧倒的に高く、若年非大卒男性の64・３％、壮年非大卒男性の57・４％がこの職種に従事していることがわかります。国内の生産、製造、建築、運輸などの仕事は、わたしたちの日常生活に欠くことのできないものですが、これを担っている人びとの主軸は、非大卒男性たちなのです。

非大卒男性の働き方のもう一つの特徴は、専門職従事者の比率が、大卒男性はもとより、非大卒女性と比べても低いということです。若年層についてみるならば、専門職比率は、非大卒の女性では14・０％ですが、非大卒の男性では７・９％にとどまります。

これは、非大卒女性では、「手に職をつける（仕事を得るのに有利な資格、または専門的知識・技能・経験をもつ）」という方針で、医療関係職や福祉ワーカー、あるいは経理や情報処理の職に就くことが目指されるのに対し、非大卒男性ではそうした傾向はあまりなく、その分ブルーカラー職に就く人が多いことによります。彼らが専門職を目指すのではなく、むしろ「ガテン系」といわれるような職に就こうとすることは、実感を伴うことだと思います。

職業威信が低く、雇用も不安定な非大卒層

図4‐8は、各セグメントの現職の職業威信スコアの平均得点をみたものです。職業威信スコアは、それぞれが就いている職業名について、社会的な威信の高さを得点化したもので、その平均値は51・6点です。

グラフをみると、現職の威信が高いのは、管理職比率の高い壮年大卒男性で、若年大卒男性、若年・壮年大卒女性がこれに続いています。

しかし、非大卒層の職業威信は、いずれも49点前後と総じて高くないことがわかります。わたしたちが就いている職業の社会的威信には、明確な学歴差があるのです。

仕事にかんしては、雇用をめぐる流動性についても考えておきたいと思います。図4‐9は、これまでに勤め先を何度やめたかを回答してもらったものです。これは、自己都合による退職のほか、倒産や解雇を含めた離職の回数をみたもので、同一企業内での昇進や部署の異動などは含まれていません。データはSSP2015を用いています。

離職についても、男女の異なる事情を考慮して、男女別にみていきます。まず女性全般をみると、同じ勤め先で継続して働いている比率はやはり少なく、2度以上仕事をやめたとい

う人が半数を超えています。そんななかで、若年大卒女性だけは、3人に1人が学卒後ずっと同じ勤め先で働き続けており、同世代の大卒男性とほぼ同じ程度の、比較的少ない離職傾向にとどまっていることがわかります。

では、男性についてはどうでしょうか。ここで特筆すべきことは、壮年大卒男性の43・5%が、学卒後ずっと勤務先を変えていないという著しい安定性です。雇用が流動化したとさかんにいわれている今の時代にあっても、壮年の大卒層では、就職

図4−8　職業威信スコアの異なり

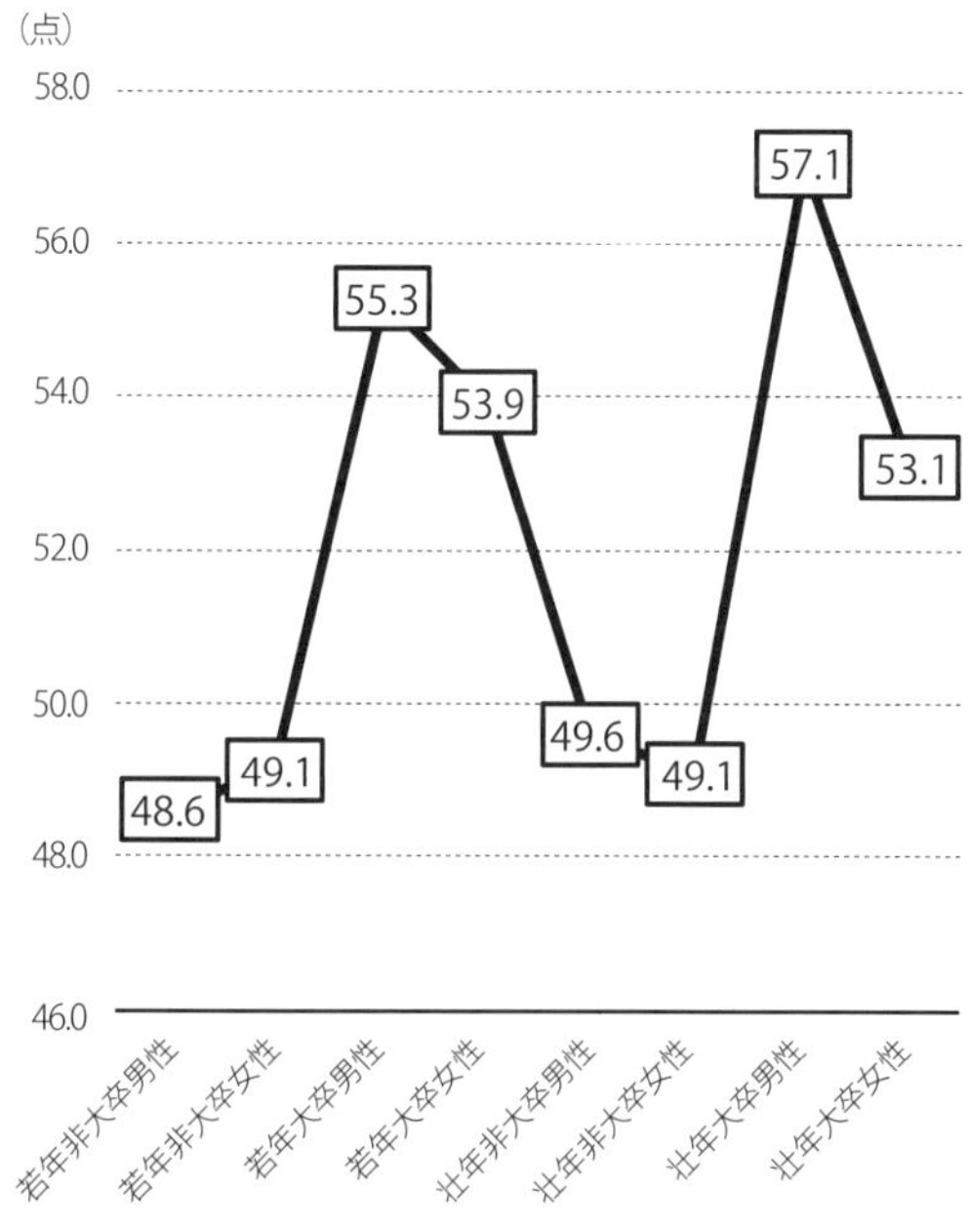

データ:SSM2015

図4−9　離職回数の異なり

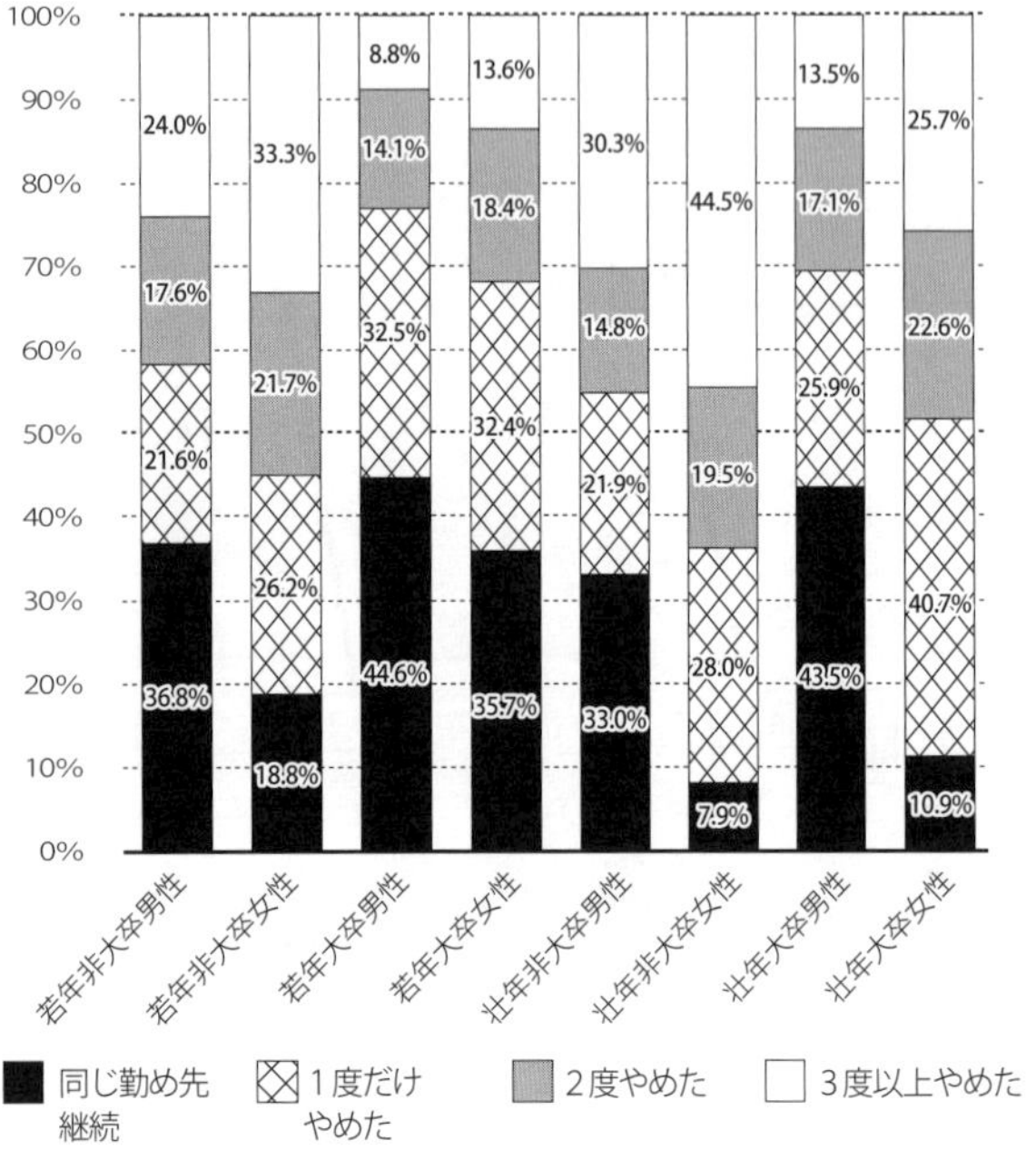

データ:SSP2015

してからおおよそ20年以上も同一の勤務先という、いわば昭和的な働き方の男性たちが、これだけたくさんいるという事実には、本当に驚かされます。

　しかし、同世代の非大卒男性の離職回数をみると、こちらでは3度以上やめたという人が30・3%もいます。つまり同じ時代を生きていても、雇用の安定性にかんして、大卒/非大卒の学歴分断が明確にみられるのです。

そしてここでもまた、若年非大卒男性について、他の男性たちとは異なる傾向を見出すことができます。彼らは社会に出てからの年数が壮年層ほど長くはありません。にもかかわらず、ほぼ３人に２人がすでに離職を経験しており、４人に１人は３度以上仕事をやめているのです。この頻度は、彼らよりも20年も長く働いている、壮年非大卒男性とほぼ同程度です。

しかも、社会に出てからの３カ月以上の失業・職探しの経験の有無についてみると（図表は省略します）、壮年大卒男性では「経験あり」は25・９％、若年大卒男性では26・６％、壮年非大卒男性でも29・８％であるのに対して、若年非大卒男性では、すでに３人に１人以上の34・０％にものぼっています（データはＳＳＰ２０１５）。このことからも、若年非大卒男性がおかれた雇用環境が、他の男性たちと比べて不安定だということがわかります。

以上のとおり、仕事については、「８人」のメンバーに産業経済セクターにおける役割がモザイク状に振り分けられ、現役世代全体で社会を分業的に支えていることがわかります。ただしそれは、水平的な分業というにはほど遠い、偏った状態にあり、深刻な分断状況を内包したものだということができます。

結婚と子ども：晩婚・少子化傾向における学歴分断

続いて家族構成についてみていきます。

ここまでみてきたとおり、セグメントごとの社会経済的な位置づけには不均等があります。これを是正する有効な方法の一つは、立場の異なる個人がお互いに助け合うということです。そうした観点でみるとき、親子や夫婦という家族の個人的で緊密な関係には、余力のある人と余力のない人が協力し合って、不均等の調整をするはたらきを期待することができます。ただし、ひとつ間違えると、余裕のある人同士がいわば「勝ち組」の家族を形成し、余裕のない人同士がいわば「負け組」の家族を形成するという結果となり、格差が増幅されてしまいます。実際、世帯年収の現状は、そちらに近いものでした。

もっとも、夫婦関係を取り結ぶことができる相手は、通常は、同世代の異性に限られていますし、親子関係には一世代分のインターバルがあり、子どもの性別は選べません。ですから、子どもについても配偶者についても、選択の余地があるのは、自分と同じ学歴にするか、異なる学歴にするかということだけになります。よってここでは、学歴に焦点を絞って「8人」のメンバーの親密な関係性の構造の違いをみていきましょう。

まず婚姻状況からみると（ここでも学生を除いて分析しています）、壮年層全体では7割

図4－10　婚姻状況

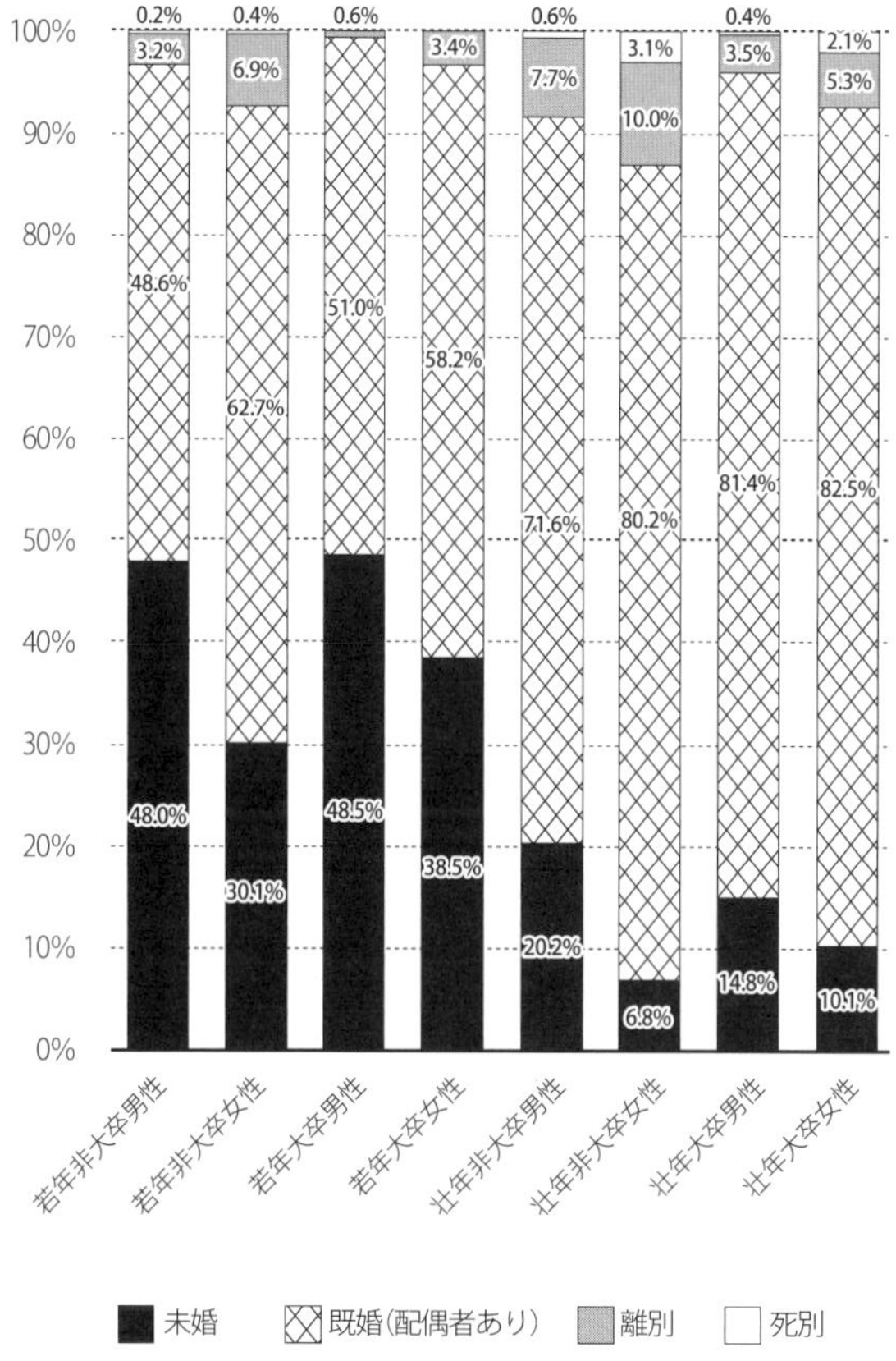

データ：SSM2015

から8割が結婚していますが、若年層全体では、有配偶者はほぼ半数にとどまっています（図4－10）。年齢が異なるので、この数字のみで判断するのは難しいですが、若年層では非婚というライフスタイルが増加していることがうかがえる結果です。

その若年層の婚姻状況については、とくに男性で未婚独身者が多いことが気がかりです。「晩婚化、未婚化問題の原因は男性にある」、ということは一般によく耳にすることです。国立社会保障・人口問題研究所の推計（2017）によれば、2015年の男性の生涯未婚率は23・37％であるのに対し、女性は14・06％であり、男女の間には10ポイント近い開きがあります。

ここで分析しているSSM2015では、在宅率の高い既婚女性を多めに回収していることの影響があって、正確なことはいえませんが、それでも若年男性では、配偶者のいない人たち（離死別を含む）が半数を超えており、それに対して同世代の女性では、配偶者のいない人の比率は、10ポイントほど低くなっています。

このことに関連してみておきたいのは、婚姻状況と個人年収の関係です。

図4－11は、それぞれのセグメントを「配偶者なし」と「配偶者あり」に分け、個人年収の異なりをみたものです。女性では結婚していると、自身の個人年収が少ないのですが、こ

図4−11　個人年収と結婚

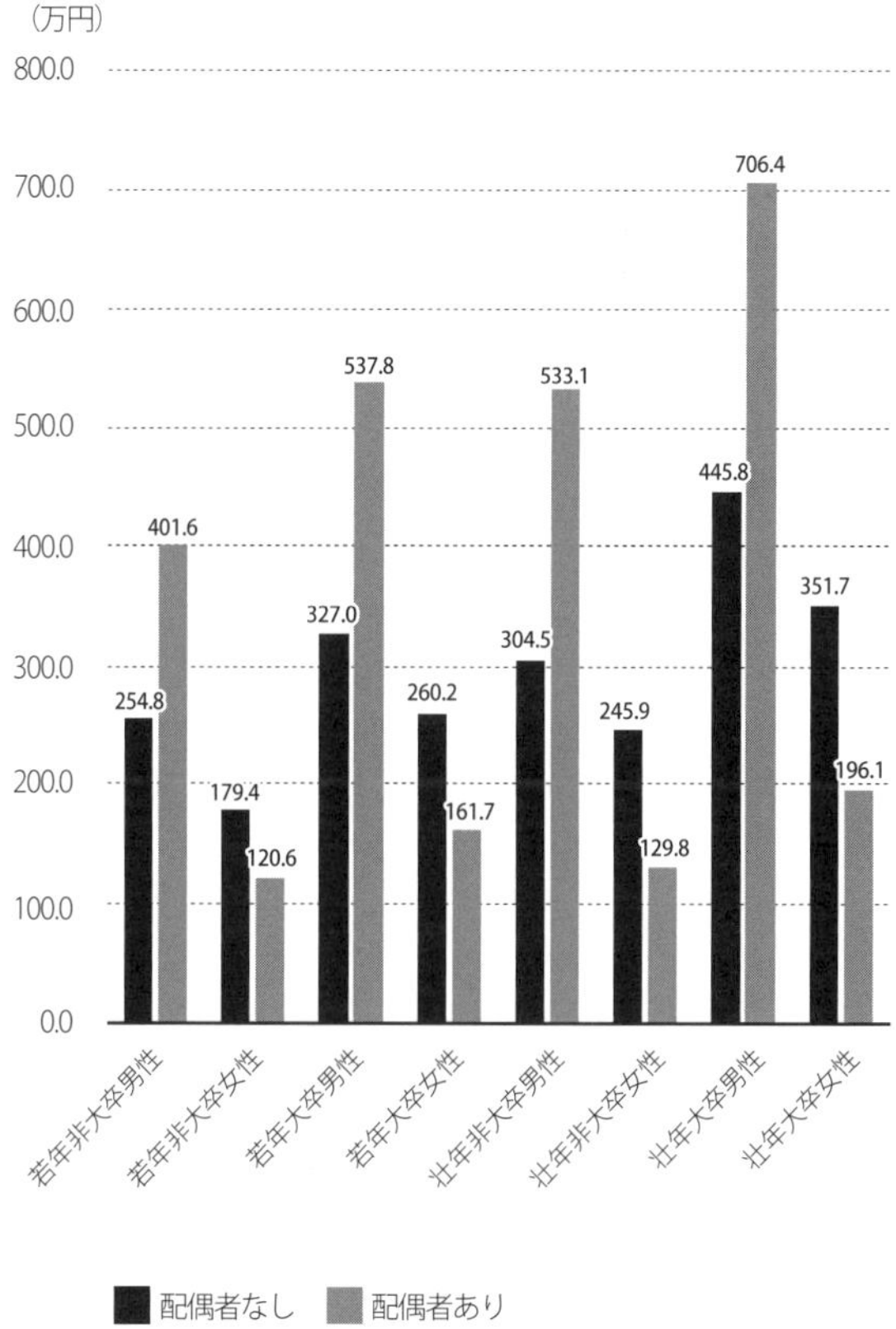

データ：SSM2015

れは想像に難くありません。

問題は独身者が多い男性のほうです。こちらをみると、どのセグメントでも、独身者のほうが既婚者よりも個人収入が少ないことがわかります。

たとえば、若年非大卒男性では既婚者の個人年収は401・6万円ですが、独身者では254・8万円であり、両者には150万円近い年収の開きがあります。この傾向については、結婚すると妻のサポートが得られ、張り切って働くので夫の年収が増えるとか、未婚者と既婚者の年齢差のためだろうとか、いろいろ原因は考えられます。

しかし私は、現代日本では「デキる男」でなければ結婚は難しいという山田昌弘(2016)の議論に従い、若年男性のなかに、年収が少ないために結婚できない人がいるのではないかと考えています。そうだとすれば、そもそも若年独身女性の数が不足気味であることに加え、経済力の不十分さが、若年男性たちが幸せを掴《つか》むことをさらに困難にしているということになります。

では子ども数はどうでしょうか(図4-12)。

まず、壮年層では子ども数に性別や学歴による違いはあまりみられず、おしなべて1・6~1・9人ほどです。40歳を超えているという年齢を考えると、これはこの生年世代のほぼ

図4−12　子ども数

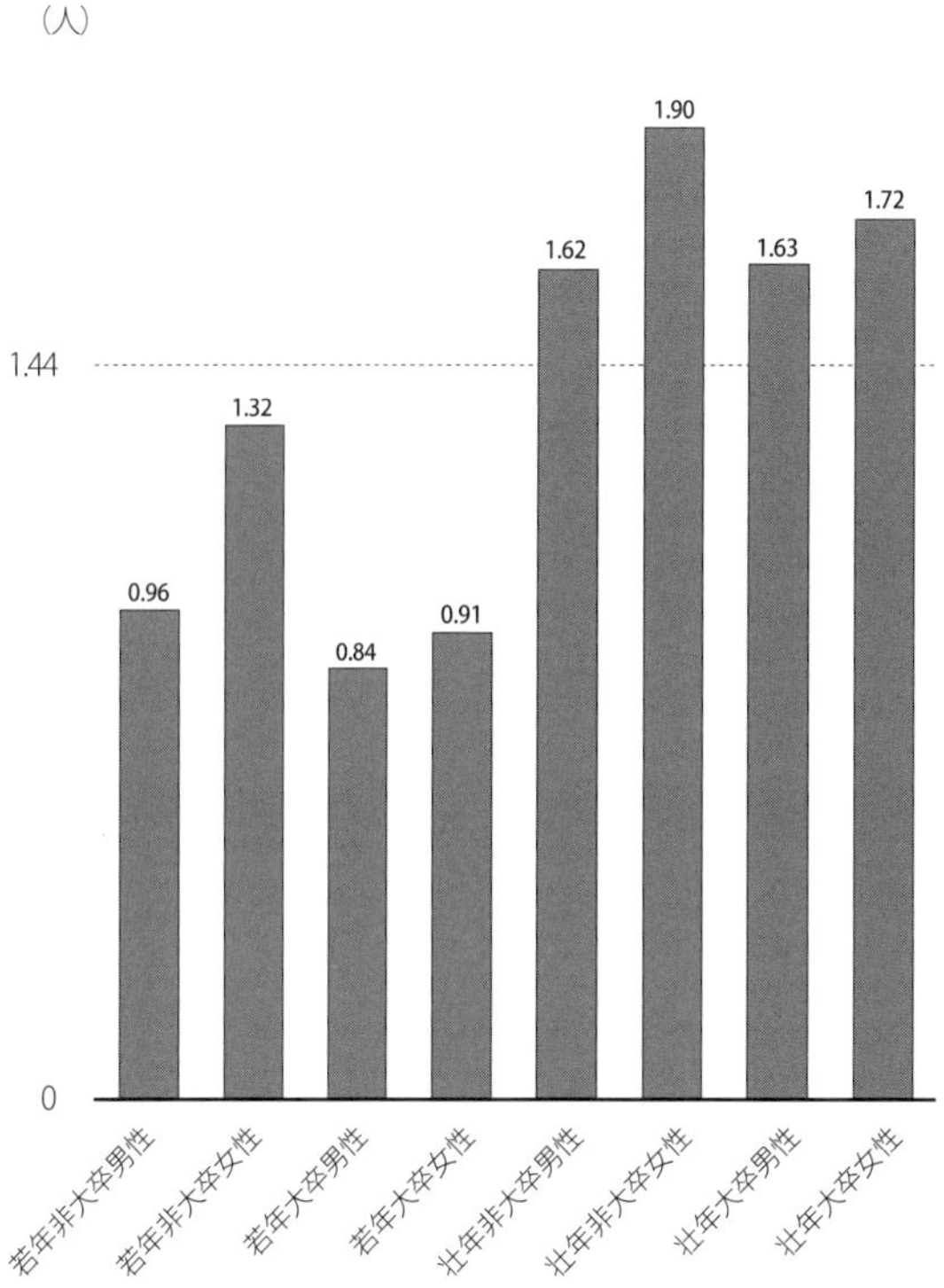

データ：SSM2015

確定した数字だといえるでしょう。この数は、15〜49歳の女性について算出された、最新（２０１６年）の合計特殊出生率の１・44を上回ってはいるのですが、決して十分に多いというわけではありません。

もっとも、より深刻な状況にあるのは、図中左半分の若年層のほうです（ここでも学生は除いて計算しています）。

女性ベースでみていくと、若年非大卒女性の子ども数は１・32人と、多くはありませんが、まずまずの数です。ところが、若年大卒女性の子ども数のほうは、わずか０・91人にとどまっています。つまり、若年女性（40歳未満の社会人女性）の出生数に、はっきりとした学歴分断がみられるのです。

「８人」のレギュラーメンバーのうち、次世代の人口を増やすという役割を直接的に期待することができるのは女性、とりわけ若年女性にほぼ限られます。もちろん、まだ若い女性たちのことですから、この先で子ども数はおそらく増えていくでしょう。けれども現状では、若年非大卒女性が、少子化の速度を鈍らせる重要な貢献をしている一方で、若年大卒女性のほうは、未婚率が高く、子ども数も少なく、相対的にみると後れをとっているといわざるをえません。

少子化対策の問題点

社会経済的な立場が「８人」のなかで最も脆弱《ぜいじゃく》な若年非大卒女性に、日本社会全体の課題である少子化問題の解決を依存している――。この構造は、日本の子どもの貧困率の高さの大きな一因となっています。

なぜかといえば、子どもの貧困率は、相対的貧困（平均的な豊かさの半分の豊かさ）の状況で暮らす子どもの数の多さで示されるからです。社会全体の所得の水準が高いなかで、経済的に楽ではない人たちにばかり子どもが多くいるために、日本の子どもの貧困率は高くなるのです。

返す刀で政府の少子化対策についても意見させていただくとすれば、学歴分断社会にあっては、「大卒夫婦に１人目を！」という狙いと、「非大卒夫婦に２人目３人目を！」という狙いは、政策立案にあたって明確に分けたほうがよい、ということを子ども数のデータは示唆しています。

その観点で仕分けると、男性の家事・育児参加（イクメンや男性の育児休暇取得）、保育園待機児童解消、時間外保育の充実などの政策は、主に前者が目的であるように思われます。

他方で、児童手当などの子育て世帯の家計支援、子ども数に基づいた所得税の減免措置などは、主に後者にかかわるトピックであるはずです。

政策の実効性を高めるためには、「すべての子育て世帯が……」というようなきれいごとをいうばかりではなく、実質的に目論んでいるのは、大卒夫婦が1人目の子どもをもてるように、子育て環境を整備することなのか、非大卒夫婦が2人目3人目の子どもをもてるように、子育て世帯の家計を支援することなのかを、はっきりと掲げる勇気をもつべきでしょう。

ここで強調すべきことは、子どもを産み育てることは、女性だけの課題ではないということです。当然ながら、男性ベースでみた場合でも、若年層の子ども数は決して多いとはいえません。それどころか、同世代のなかでは経済的にゆとりがあるはずの若年大卒男性に至っては、子ども数はわずか0・84人です。

生年世代の違う私がいうと、どうしても他人事のようになってしまいますが、若年女性だけでなく、同世代の男性たちにも、パートナーを得て、子どもをもうけ、子育てをサポートし、少子化を食い止めるための個人レベルでの動きを、もう少し期待したいところです。

わたしたちすべてにとっての当面の目標は、今の若年層が壮年期に至る20年後にみたとき、かれらの子ども数が上の生年世代と同じ水準にまで伸びているようにするということです。

図4−13　配偶者学歴

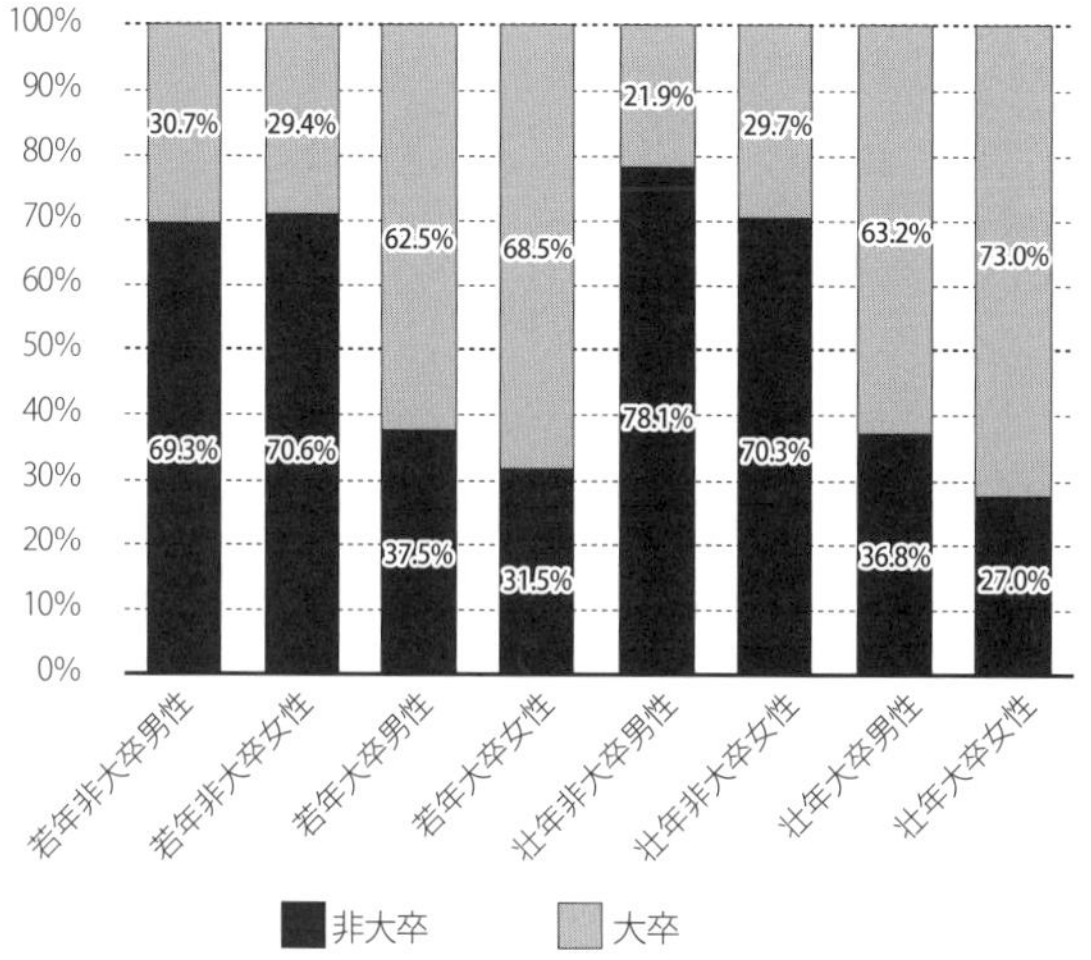

データ：SSM2015

難しい課題ではありますが、それぞれの立場から、次世代を産み育てることについてのさまざまなサポートのあり方を、考えていかなければなりません。

家族：強い学歴同質性

では、夫婦の配偶関係と親子関係はどうでしょうか。

図4-13はセグメントごとに配偶者の学歴をみたものです。すでに触れてきたとおり、男女どちらをみても、大卒層の配偶者はほぼ7割が同じ大卒で、非大卒層の配偶者はほぼ7割が同じ非大卒です。この傾向を、夫婦の学歴同質性、あるいは学歴同類婚といいます

（筒井 2016）。

グラフが示すパターンはシンプルで、生年世代、性別にかかわらず、大卒／非大卒がほぼ反転の関係にあり、見事に学歴分断されています。学歴同類婚は、国や時代を問わず大なり小なりみられる傾向ですが、日本においてはこの傾向はとくに明瞭です。

学歴同類婚は、社会経済的地位の上位者同士、下位者同士のマッチングなので、世帯単位での格差を拡大させる作用をもっています。そして次の世代からみるならば、10家族中7家族で父母の学歴が同じ「大卒家庭」か「非大卒家庭」になるということを意味し、両親が子どもを自分たちと同じ学歴へと誘導していく、「学歴の世代間再生産」傾向を補強するはたらきをもちます。

続いて、対象者と親世代の学歴の世代間関係を、父親学歴を指標としてみたものが図4-14です。ここで目を引くのは、対象者が大卒である場合には、父親の学歴は高く、対象者が非大卒である場合、父親の学歴が低いという、学歴再生産の構造です。

高卒相当と大卒相当の区分、すなわち学歴分断線を基準として若年男性をみると、若年非大卒男性では父親も同じ非大卒であるという人の比率が82・0％（期待値は60％台前半）であり、若年大卒男性では、逆に父親も同じ大卒であるという人の比率が52・8％です（期待

図4−14　父親学歴

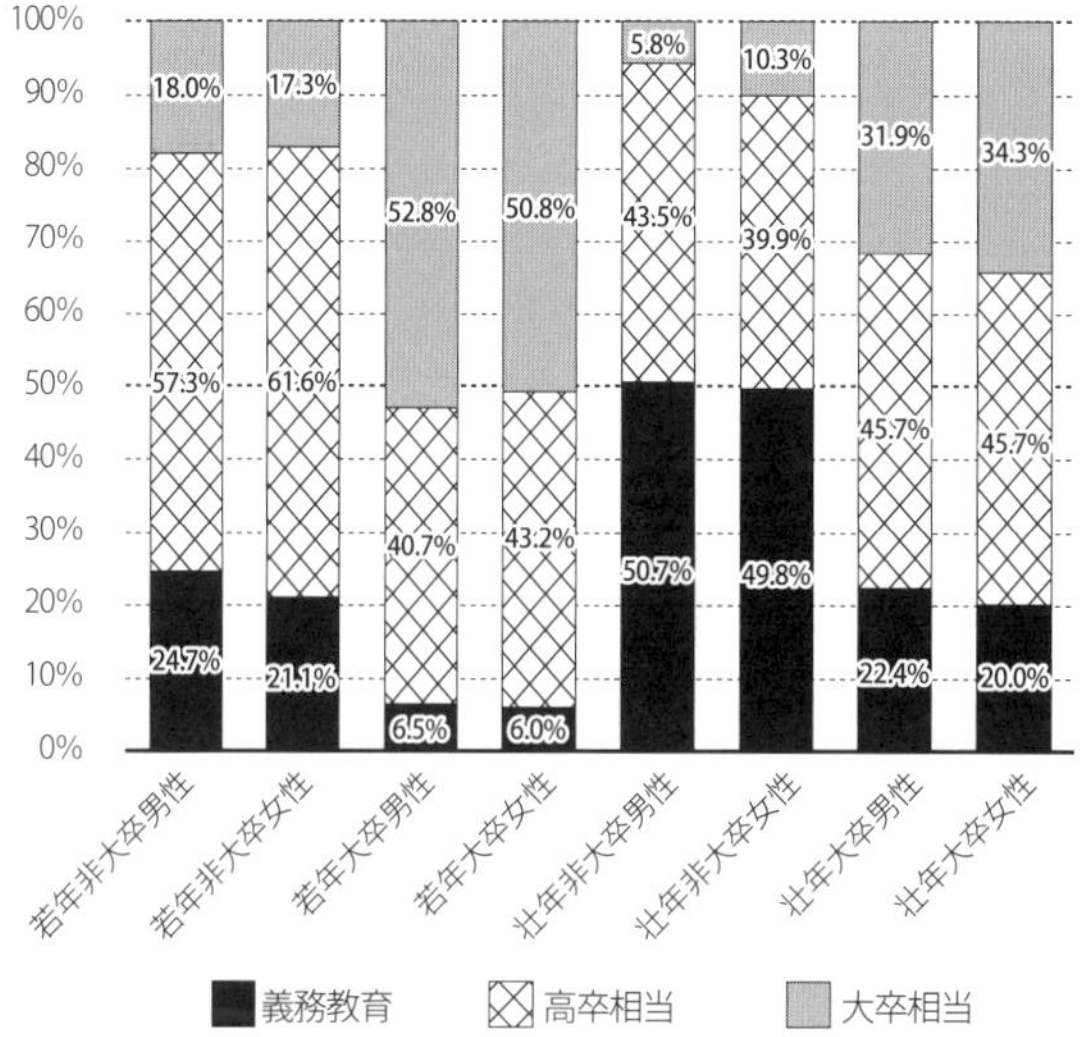

データ：SSM2015

値は30％台後半)。

このように、大卒再生産、非大卒再生産という上下2種類の世代間関係が分離していくことも学歴分断社会の特徴です(吉川 2009)。データは省略しますが、母親学歴についてもこれと同じ傾向がみられます。

家族についてまとめるならば、現代日本社会では、夫婦間・親子間の学歴同質性がたいへん高いために、大卒層は大卒層の多い家族環境にあり、非大卒層は非大卒層の多い家族環境にあるという傾向がはっきりしはじめています。

自由と不平等のジレンマ

大卒／非大卒フィフティ・フィフティの学歴分断構造は、ほとんどの格差現象の根源となっています。しかし、この比率はそう簡単に変えることはできません。

そうすると、不平等を解消するための方策は、大卒層同士、非大卒層同士が家族として結びつく傾向を弱め、入れ替わりや交流を促進することだということになります。わかりやすくいえば、家族内が大卒半分、非大卒半分の構成になることが、平等社会の期待値なのです。

けれども、これはそう簡単なことではありません。たとえば、大卒層の若者が、同じ大卒層の異性と恋愛結婚しがちであるということを、好ましくないとみて、制限することができるでしょうか。あるいは、子どもが2人いる大卒夫婦は、1人は大学進学させてもよいが、2人とも大学に進学させると、世の中の不平等に加担することになる、といえるでしょうか。

これらはいずれも、本人たちの自由であり、喜ばしいといわれることはあっても、その弊害が指摘されることはありません。しかし、社会のしくみとしては、人びとの自由を尊重すると、社会の不平等は解消しません。

つまり、個人の親密な関係において自由が尊重されるかぎり、家族の学歴同質性が解消される見通しはなく、それゆえに、格差・不平等・分断はなくならないのです。

そして、このように大卒家族と非大卒家族が分断していることは、社会経済的地位の不平等だけではなく、友人関係、ＰＴＡなどの地域活動、親せきや親の友人知人など、家族を起点とした社会的ネットワークにおいて、大卒層と非大卒層が交流する機会を少なくしていきます。

居住地域：学歴による棲み分け

現代日本社会の分断を考えるとき、都市と地方の格差の問題を見過ごすわけにはいきません。８つのセグメントは、居住地域とどのような関係にあるのでしょうか。

図４-15と図４-16は、典型的な地方県である島根県と東京都の、各セグメントの人口構成をみたものです。データ（２０１０年国勢調査）の制約から、８年前の実態になりますが、それでも、両地域の「８人」のメンバー構成の異なりは一目瞭然です。

まず島根県をみると、この地域には壮年非大卒男女が多く、現役世代全体の４割近くを占めています。これに対し大卒層は、すべて足し合わせても37・６％にとどまります。

つまり島根県は、大卒／非大卒フィフティ・フィフティの比率には至っておらず、やや年

図4－15　島根県のセグメント別人口比率

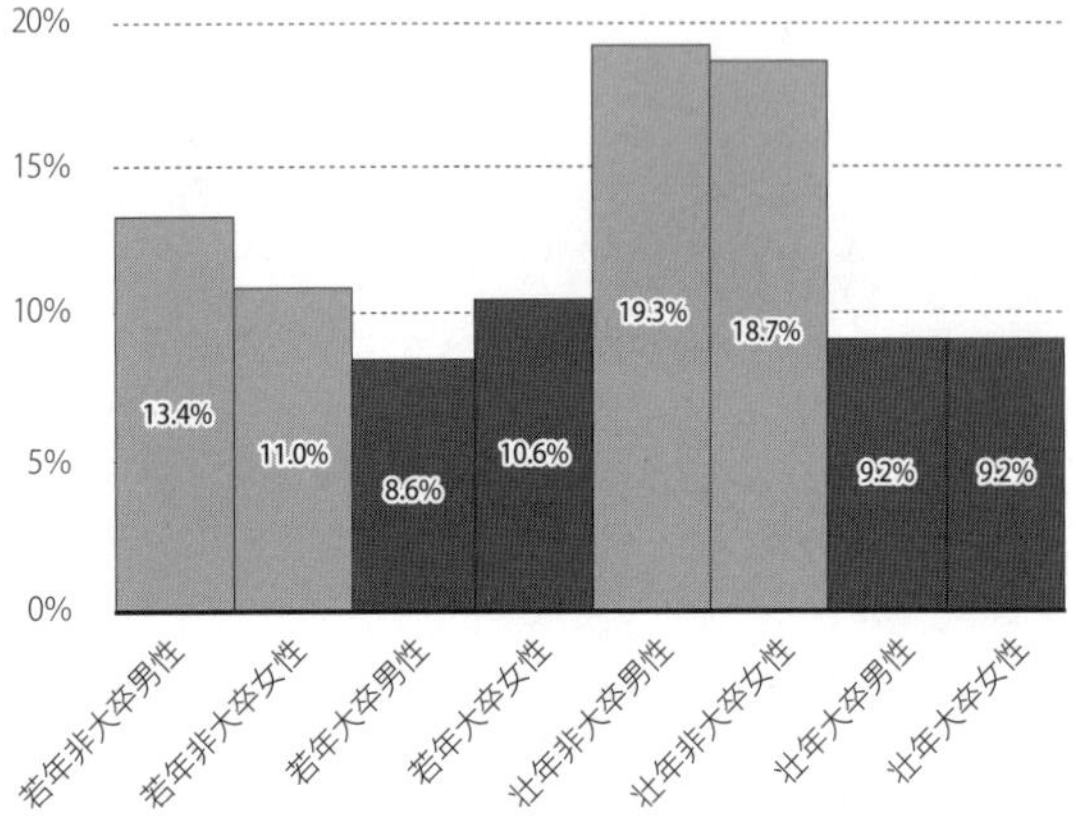

データ：2010年国勢調査

齢の高い非大卒層が主力となって支えている地域なのです。念のために確認しておきますが、ここでは現役世代だけをみているのですから、島根県に高齢者が多いことは、このグラフには関係していません。

一方、東京都では、学歴比率は島根県とは見事に逆転しており、4セグメントを合わせると、大卒層が64・8％を占めています。これは、東京には島根の1・71倍の比率で大卒層が多くいる、ということです。しかも人口が最も多いのは、若年大卒女性(17・7％)です。

2014年、地方の出生数が将来的に低下し、消滅する自治体が出かねないという予測が示され、大きな反響がありました。

図4−16　東京都のセグメント別人口比率

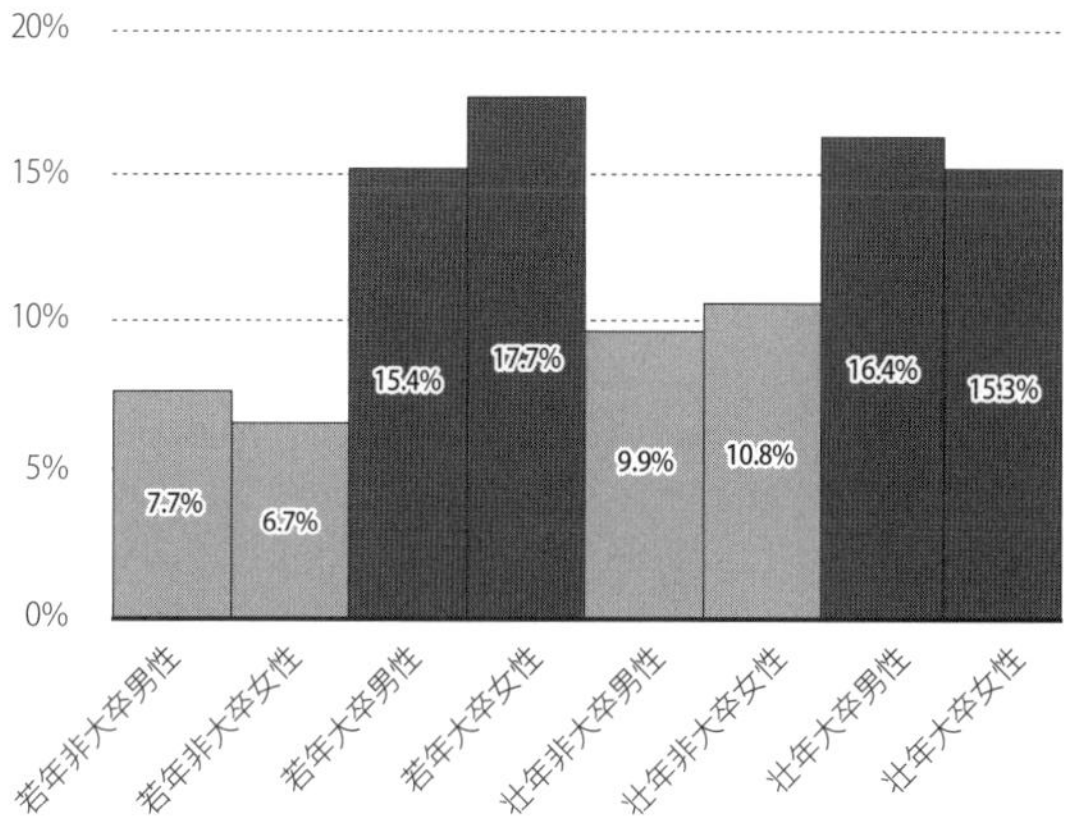

データ：2010年国勢調査

日本創成会議によるいわゆる「増田レポート」です（増田編著2014）。その根拠として挙げられたのは、出生数を直接的に左右する若年女性が、近い将来、地方では少なくなり、東京に一極集中するという推計でした。

このレポートに対しては、異論も多く出されているのですが、本書の立場から補足できるのは次の事実です。

若年人口の都市集中は確かだが、そこにはさらに、地方で地域社会を支えている主力は（壮年）非大卒層であり、子どもを産み育てにくい都市部に集中しているのは、若年および壮年の大卒層であるという学歴のコントラストが重なっている――。

それにしても、居住地域にこのような学歴分断傾向が生じていることの、そもそもの原因は何なのでしょうか。

それぞれの地域の産業と労働市場の構成に見合った数の大卒層／非大卒層が、その地域に住んでいるということが、いうまでもなく主要な理由でしょう。しかし、そのことに加えて、大学の数に都道府県ごとに大きなばらつきがあり、大学進学者の収容力に、著しい地域差があるということも指摘しておくべきでしょう（朴澤 2016）。

次の図４‐17は、２０１６年度の都道府県別の四年制大学の数を示したものです。ここからわかるとおり、大学は大都市圏、とりわけ東京に著しく集中しています。これに対して、佐賀県、島根県などの地方県では、わずかに2大学を数えるのみであり、このほかにも、大学数が1ケタの県は、47都道府県の半数以上にのぼります。

地元に大学の数が少ないということは、その地域の高校生を受け止める高等教育の収容力が、数のうえで小さいということだけではなく、学部学科などの専攻や、大学入試難易度のレベルなどの進学先の選択肢が限られることを意味します。それゆえに、大学数の少ない地方県の若年層は、自分の将来設計を実現するためには、18歳の春に東京をはじめとする大都市圏に流出するしかないのです。

図4－17　47都道府県内の大学数

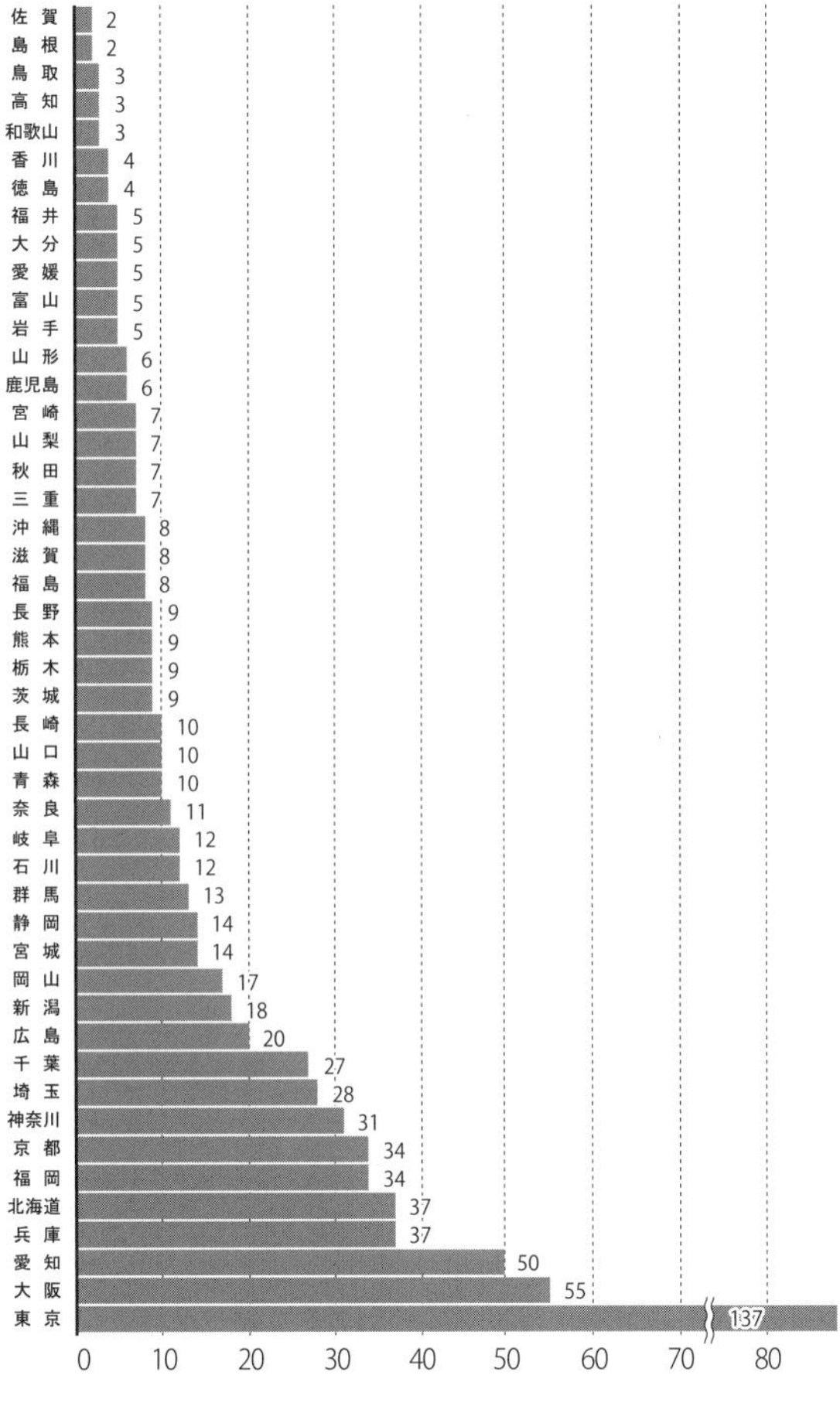

データ：2016年学校基本調査

よって、地方県を支えている大人たちの多くが非大卒であるのは、過去何十年にもわたって、大学に進学する成績上位の若者たちを都市部へと流出させざるをえなかった地域事情に起因していると考えられるのです。これもまた、日本の学歴分断社会の重要な特性であり（吉川2001）、これこそが、増田らが言及するのをためらった、地方消滅という「キャラクター」の「中の人」の正体なのです。

はっきりとみえる人生の有利・不利の凸凹――「8人」のプロフィール

この章で示してきたことの多くは、それぞれの領域の先行研究によって、すでに明らかにされていた現代日本社会の格差の実像です。その意味では、驚くべき新発見があったというわけではありません。読者にも実感があるものごとが多かったかもしれません。

ここで私が意図したのは、8つのセグメントの切り分けという枠組みを、最新の調査データにあてはめてみると、人生の有利・不利の凸凹《でこぼこ》が、はっきりとみえてくるということを示すことでした。

結果として、現代日本社会の経済力、仕事、家族、地域などの特性が、「8人」の人生の分断状況として、わたしたちの眼前に立ち現れてきました。手元に集まった8つの「プロフイール」を整理しておきましょう。

【壮年大卒男性】――20世紀型の「勝ちパターン」

「８人」の拡大若者のなかで、社会経済的地位について「一人勝ち」状態にあるのは、壮年大卒男性です。彼らは、大卒学歴をもって20世紀のうちに労働市場に入り、多くがホワイトカラー正規職として、20～30年ほどのキャリアを積んで今日に至っています。彼らの半数弱はずっと同じ勤め先で働き続けていて、離職経験をもっていません。

その時代の男性であるがゆえに、家事・育児に手がかかるライフステージでも、ワークライフバランスを考慮して仕事の手を緩めることはあまりなかったことでしょう。結果的に、仕事にかんしては、10人に１人の比率で管理職あるいは経営者への昇進を果たしており、職業威信は他の人たちより有意に高く、個人年収では他の人たちを大きく引き離し、世帯にも経済的な余裕があります。

そして彼らの８割以上は、結婚して家族をもっています。幼少期からの人生を顧みれば、日本社会が未曽有の成長の只中にあった、昭和30～40年代生まれの彼らの約７割は、自分の親よりも高い学歴に至ることができた地位の上昇者でもあります。

以上の点で、壮年大卒男性は、男性優位、年功序列、大卒学歴至上主義、そして産業化による構造的な地位上昇という、20世紀の人生の「勝ちパターン」の恩恵に与《あずか》っている人たちだといえます。

ここで読者は、映画やドラマや報道などで、バブル世代の典型像として描かれるのが、多くの場合、この壮年大卒男性の生き様だということに気付いたと思います。かれらの社会学的な意味での正体は、第一の近代の「最終バス」に乗ることができた、時運のよい後期若者たちなのです。

【壮年非大卒男性】――貢献に見合う居場所

40～50代の中卒・高卒学歴の男性たちは、「8人」のなかでは、人口規模が2番目に大きいセグメントです。彼らの働き方の特徴は、ブルーカラー職従事者がたいへん多いということです。彼らがもっている強みは、正規職もしくは自営・経営者が多く、個人年収も比較的多いという生活の安定性です。

そのことが、7割という有配偶率と、全体平均を上回る1・62人という子ども数の基盤となっているといえるでしょう。彼らは10代のうちに社会に出ていますので、「8人」のなかで一番長く、すでに20～40年も日本社会を大人として支えてきた人たちです。結果として、その貢献に見合う居場所を得ることができているとみることができるでしょう。

ただし、世帯の経済的な豊かさは、下の世代の大卒層と同程度であり、職業威信もあまり高くはありません。

親世代からの生い立ちを顧みると、非大卒再生産が大半を占めています。そして彼らの一部は、壮年非大卒女性とともに、大卒層の数が少ない地方コミュニティを支えることに力を発揮しています。

【壮年大卒女性】――ゆとりある生き方選び

壮年大卒女性の特性は、労働時間が少ないわりに、世帯年収が多いという暮らしのゆとりです。

男女雇用機会均等法が施行されたのは、今から32年前の１９８６年のことですから、彼女たちの多くは、均等法以後の世代だということになります。しかし、このセグメントの専業主婦（無職者）の比率は20％を超えており、かならずしもだれもがキャリア女性として男性と肩を並べて働き続けているというわけではありません。

それでも、同世代の非大卒女性と比べると、ホワイトカラー比率が高く、正規雇用者が多く、職業威信も個人年収も上回っています。

8割以上が既婚者で、彼女たちの夫の7割は大卒層であり、このことが世帯の豊かさと安定をもたらしていることも、無視できない事実です。標準的な子ども数は1〜2人と比較的多いのですが、多くは学齢期以後の、手はかからないけれども教育費などのかかる年齢に達しています。この点で、多くがM字型雇用の後半の再就業のライフステージにいるとみることができます。

総合的にみると、彼女たちは、キャリア女性、主婦、母親、あるいは後述する余暇活動や社会的活動の積極メンバーなど、多様な生き方を選択できる時間と経済力のゆとりをもち、しかも、ひとたび履歴書を書けば、他のセグメントの人びとに競り負けにくいことが長所だといえます。

【壮年非大卒女性】――かつての弾けた女子たちは、目立たない多数派に

壮年非大卒女性は、現役世代のなかで人口規模が最も大きいセグメントです。彼女たちの4人に1人は専業主婦（無職者）であり、働いている人でも、労働時間が短めの非正規就業者が多く、個人年収は決して多くはありません。

しかし、世帯の豊かさではまずまずの水準にあります。未婚者は約７％とたいへん少なく、ほとんどが結婚しているか、結婚経験をもっています。夫は７割が非大卒、３割が大卒です。出自を振り返ると、両親の半数が義務教育卒、４割が高卒相当であり、非大卒再生産という流れのなかで、自らの家庭をもっている女性たちが多いようです。

彼女たちが受け持っている社会的役割は、柔軟な働き方によって、専門職、事務職、販売職、運輸・製造職など、国内の幅広い労働力需要の調整に役立っていること、多くの子どもを産み育てているということ、そして地方社会を支えているということなどです。

ここでわたしたちは、かならずしも条件の良くない社会的地位に、彼女たちを封じ込めてしまっているかもしれない、ということを考慮しなければなりません。その生活水準はもっと豊かになってしかるべきですし、彼女たち自身がここに挙げたような地道な役割を担うことを、どれくらい望んでいるのかもよく見極める必要があります。

とはいえ、現代日本の社会システムのなかで、他の人びとには代わることができない特有の役割を、比較的人口の多い壮年非大卒女性たちに担ってもらっていることは、社会全体にとっては意義深いことです。

同世代の私からみると、「制服少女」「コギャル」と呼ばれていた弾けた女子たちが、結局は、こうした昭和の女性以来の古い人生経路を落ち着き先としていることについて、彼女たちも、結局は第一の近代の「最終バス」に乗ったのだな、という思いを禁じえません。

【若年大卒女性】——多様な人生選択、都市部で最多数派

それでは30代以下の若年層に目を移していきましょう。若年大卒女性の特性は、生き方の多様性です。これは、社会に出てからの年数が比較的短い彼女たちが、職業キャリアや家族形成の過渡期にいるために生じている状況だとみることができます。

まず、やや意外なことに、彼女たちの4人に1人は無職です。確かに、高学歴専業主婦ということもいわれますし、さまざまな事情から、仕事を休んで家庭に入っている人がいるのでしょう。

他方で、有職者についてみると、多くが威信の高いホワイトカラー職に就き、就労時間も比較的長く、同世代の大卒男性と肩を並べる働き方をしています。そして彼女たちの3人に1人は、最初の勤務先をやめることなく働き続けています。

個人年収はかならずしも多くはないのですが、彼女たちの6割は結婚しており、配偶者の

７割は大卒層であり、既婚の世帯は一定の豊かさの水準にあります。

次世代を産み育てるということについては、現時点での彼女たちの子ども数は０・91人ですから、子どもはいないか、いても１人だけという状態の人たちが多数だということになります。これは同世代の非大卒女性や、上の世代の大卒女性と比べるとかなり少ない実績にとどまっており、今後の動向が注目されます。

彼女たちは、半数以上が大卒家庭をバックグラウンドとしており、地方居住者が少なく、逆に都市部では、彼女たちが最多数派の「若者」となっています。

【若年非大卒女性】——不安定な足場、大切な役割

若年非大卒女性については、経済基盤の脆弱さが気がかりです。個人年収は「８人」のなかで最も少ない１４０・２万円で、月当たりの労働時間が短く、世帯年収も多くはありません。何かのきっかけで貧困に陥りかねないところにいる女性たちだということです。

仕事をしている人たちの職種は、ホワイトカラー職が半数、販売・ブルーカラー職が半数という比率です。既婚者はおよそ7割ですが、そのうち10人に１人はすでに離別しています。そして彼女たちのパートナーの多くは、やはり社会経済的に不利な境遇にいる若年非大卒男性です。

このような不安定な生活条件にありながら、彼女たちは、わたしたちの社会に対してたいへん大きく重要な貢献をしています。それは、若年層のなかでは飛び抜けて子ども数が多いということです。そして20〜30代という年齢を考えれば、この後も彼女たちの子ども数は増えていくことが見込まれます。20歳までに社会人となって、ライフステージを早めに進行させ、既婚率も高い若年非大卒女性たちが、現代日本の少子化を遅らせる重要なはたらきを一手に担っているのです。

母親として子どもを産むということは、他の人たちが代わって担える役割ではありません。他の「7人」は、他人事だと思わず、彼女たちの生活の基盤の安定と水準の向上について、直接的、間接的にサポートをする心構えをもたなければなりません。

【若年大卒男性】——絆の少ない自立層

若年大卒男性は、若年層の4セグメントのなかで最も個人年収が多く、非正規雇用率も低く、ホワイトカラー職に従事している人たちが多く、しかもその半数は専門職です。その結果、管理職や経営者は年齢的にまだ少ないにもかかわらず、職業威信は全体の2番目の高さです。

ただし、かれらを壮年大卒男性と比べると、収入面でも雇用面でも職業威信でも、現時点では大きく水をあけられています。また彼らの半数以上が、すでに最初の従業先から離職しているという流動性の高さも、上の世代とは異なる特性だといえます。

彼らは、同世代の若年層のなかでは、社会経済的地位が最も安定しているのですが、ほぼ半数が未婚者で、子ども数は「８人」のなかで最も少ない０・84人にとどまっています。この親密な絆の少なさを、自由を謳歌《おうか》しているとみるのか、寂しい状態にあるとみるのかは難しいところでしょう。ただ、若年層とはいいますが、彼らの６割はすでに30歳を過ぎているわけですから、未婚率の高さはやはり気になります。

彼らは半数以上が大卒家庭出身で、居住地は都市部に集中しています。

【若年非大卒男性】――不利な境遇、長いこの先の道のり

最後にみるのは、若年非大卒男性です。すでにおわかりのとおり、「８人」のなかで彼らだけは、他からやや切り離された位置にいます。

まず、その生い立ちは、両親の８割以上が高卒または義務教育卒です。彼らは、出産育児や家事負担をあまり考えないであろう、いわば「働き盛り」の男性たちであるにもかかわらず、5人に1人が非正規・無職で、正規職に就いているのは5人中4人にとどまります。

職歴を省みると、一度就業した従業先を離れた経験をもつ人は63・2％で、3カ月以上の失業・職探しの経験者は34・0％、すでに3度以上の離職経験をもつ人が24・0％と、職業人としての歩みがたいへん不安定であることがわかります。

読者のなかには、彼らと日常的な接点が少なく、実像をつかみかねているという人もいるかもしれません。彼らが現在就いている職業名は次のとおりです（SSM2015における職業小分類をとりまとめたもの。カッコ内は従事者の比率）。

機械・器具の組立・修理工（9・2％）、鉄工・板金工などの金属加工工（6・8％）、運搬・自動車運転者（6・3％）、販売職（6・1％）、左官・とび職（4・9％）、自動車組立・整備工（4・6％）、土工・道路工夫・配管工（4・4％）、介護員・ヘルパー（3・4％）、総務・企画事務員（3・4％）、電気工事作業者（3・2％）、現場監督・建設作業者（2・4％）、料理人（2・4％）、外交員（2・4％）……ここまでで6割。ほかに、看護士、一般事務員、自衛官、製図工、労務作業者、出荷・受荷事務員、ガラス・セメント製品製造作業者、倉庫夫・仲仕《なかし》、清掃員、理容師、美容師、娯楽場等の接客員、監視員、食品製造工……。

これらを総合したこのセグメントの平均職業威信は、他の男性たちよりも有意に低く、同世代の女性たちと同水準にあります。彼らのうちの有職者の労働時間は、他の男性たちと同程度に長いのですが、個人年収は、「先輩」にあたる壮年非大卒層より１５０万円近く低い、３００万円台前半にとどまっています。

こうした不利な状況にありながら、彼らはこの先、「８人」のうちのだれよりも長く、日本の労働市場に居続けなければならないのです。

以上のとおり、現役世代の内部には、壮年大卒男性を最上位に、若年非大卒男性を最下位においたコントラストが見出されました。

現代日本の現役世代のチームは、たとえていえば、キャプテンがエースを兼ねていて、ちょっとずる過ぎるくらい活躍の場を独占しているような状況にあります。それが壮年大卒男性です。

けれども、このチームには、攻撃にも守備にも参加させてもらっていないメンバーがいます。それが若年非大卒男性です。よって、この先で日本社会の陣形が崩れていくことがあるとすれば、若年非大卒男性のポジションからだということは容易に予測がつきます。

この歪みは、20世紀の成長の恩恵に与ることができた上の生年世代の人びとと、21世紀の停滞のなかでの自由競争のデメリットをまともに被った下の生年世代の人びとが、現役世代内に共存しているために生じている、構造的な問題だと理解することができます。

ここで描き出した「8人」のプロフィールは、あらゆる人にピタリとあてはまるものではありませんし、セグメント間には特性の重なりもあります。それでも、それぞれの置かれた入れ替わることのできない社会的な立ち位置に、明らかな分断があることが、読者にもみえてきたと思います。

第5章　分断される「社会の心」

潜在する心の実像を探る

現役世代の「8人」のメンバーの、経済力や仕事や家族や地域などについての客観的な状態は、おおよそみえてきました。ここからは、人びとの心の様子や日常の活動性などに視点を移していきましょう。

社会調査のデータ分析は、社会全体の姿を、個人の実態を集積したものによって描き出すという考え方のもとでなされます。これはたとえば、すべての調査対象者の年齢と性別を集計したものが、日本社会の人口ピラミッドであり、個々の職業的地位や従事している産業を集計すると、日本社会の階層構造や産業構造がみえてくる……ということです。

この考え方を、方法論的個人主義といいます。ここまではこのやり方で、8つのセグメントで構成される現役世代が、日本社会の「ハードウェア」というべき産業、経済、家族、地域をどのように構成しているのかを確認してきたのでした。

これに対して、これからみていく社会意識や社会的活動は、全体像をイメージしやすい「ハードウェア」とは違い、「ソフト」なものです。社会学ではこれを、主体性といったりします。社会調査からは、そうした「社会の心」の全体像を知ることもできます。

若者論においては、この主体性が主要な課題として論じられます。これは、いまだ顕在化していない、社会の変化の予兆をいち早くとらえようとしているためです。ここでは、そうした方向性で示されてきた若者論の論点を、20〜50代の現役世代の計量社会意識論に取り込んでいきます。それが拡大若者論という考え方でした。

この10年ほどの若者論では、「幸福な若者」「曖昧な不安のなかの若者」というような心の状態、「若者の政治離れ」「マイルドヤンキー」「さとり世代」「草食系」……というような活動のおとなしさなどが挙げられてきました。以下では、これらのトピックを検証していきます。なお、この章では主観回答の精度が高いSSP2015を主に用います。

ポジティブ感情：「幸福な若者」は大卒層だけ

第2章でみたように、現代の若者について古市は、雇用や家族や社会保障など、どれをとっても将来展望は明るくないのに、ポジティブな感情をもって日々を生きている、と述べています。深刻な実情を理解していながら、それでも自分たちは不幸だとは感じていないという、他世代からみると不可解な若者の状態、それが「絶望の国の幸福な若者たち」です。

これは現代日本の現役世代の心の状態についての、有力な仮説だとみることができます。

それでは、「8人」の拡大若者たちのうちで、とりわけポジティブ感情が高いのは、あるいは低いのは、いったいだれなのでしょうか。まずこのことから調べてみましょう。

ポジティブ感情は、もともとは快や充足や活力の感情をさす心理学の専門用語です。心の状態がよいという意味で、「主観的ウェルビーイング」といわれることもあります。これは現代人にさまざまなプラスの作用をもつ心理的要因として、社会心理学、疫学・公衆衛生、経済学などでも近年注目されています。

ここでは、人びとの心の状態を多面的にみるために、「階層帰属意識」「生活満足度」「幸福感」「主観的自由」という4つの主体性の側面を指標とします。詳細はここでは述べませんが、いずれも背後に社会学の理論を背負った概念です（数土編著 2018）。

階層帰属意識　「仮に現在の日本社会全体を、このリストに書いてあるように、1から10までの層に分けるとすれば、あなた自身はどれに入ると思いますか」という問いに対する回答。

生活満足度　「あなたは生活全般についてどの程度満足していますか」という問いに対する「満足している」から「不満である」までの5件法による回答。

幸福感　「現在、あなたはどの程度幸せですか」という問いに対する11点のスケール提示による回答。

主観的自由　「私の生き方は、おもに自分の考えで自由に決められる」という意見に対する「よくあてはまる」から「まったくあてはまらない」までの5件法による回答。

この先では、同型の分析枠組を一貫して用いて結果を示していきますので、はじめに詳しく解説しておきます。

4つの指標は、少しずつ異なる心理的側面を捉えており、それぞれの間の相関関係はそれほど強くはありません。以下では、このようにゆるやかな関係性をもつ複数の指標を、トピックごとにとりまとめて論じていきます。

社会調査で問われる、人びとの感情・情緒の状態、価値観や意見に対する賛否などは、「社会的態度項目」と呼ばれ、肯定―否定、賛成―反対というような連続的な尺度を回答選択肢としています。ほとんどのものは5件尺度ですが、4〜11件まで、スケールのかたちは多様です。

他方、「○○を、どの程度行いますか」というような質問に対して、「よくする」〜「まったくしない」などのように活動頻度を回答してもらうものは、「社会的活動項目」と呼ばれています。多くの場合、5件尺度で、頻度の高―低を問う選択肢設計となっています。

さらに、仕事への関与度、政治的積極性、高級消費活動、文化的活動などについては、質問項目バッテリーといって、似通った質問項目が複数用意されています。これらについては、設計に従って主成分得点変数にとりまとめます。

分析結果は、傾向を了解しやすく、かつ比較しやすいようにするために、すべての指標を平均値50・00、標準偏差10・00の得点に変換して示します。多くの読者に馴染み深い、いわゆる偏差値得点で結果を表示するということです。

図5‐1に示したポジティブ感情の場合は、4つの指標で構成されていますので、分析結果は8枚の四角形のレーダーチャートによって示されます。指標の方向は、肯定的あるいは積極的であれば大きく、否定的あるいは消極的であれば小さくなるように揃えてありますので、上層を自認し、生活に満足し、幸福で、生き方を自由に決められると考えているほど、グラフの面積が大きくなり、下層を自認し、不満、不幸、不自由を感じているほどグラフの面積は小さくなります。

グラフの面積と形状をみることによって、「8人」のメンバーの「社会の心」の縮み、膨《ふく》らみ、歪み、偏りなどがみえてきます。各グラフの右上には、総合得点（4指標のゼロ次得点の算術平均）を示しています。すでにおわかりのとおり、これは、塾や予備校などの学力テストの成績について、各科目の偏差値得点や総合成績をみるのと同じやり方です。

ここでは同一の平面に2種類のグラフが示されています。面で表示されているのは各指標のゼロ次得点、すなわち社会の表面に表れているそのトピックの状態です。このグラフの大きさとかたちによって、実態としての社会意識の姿を知ることができます。

他方、鎖線で示しているのは、経済力、職業、家族構成、居住地が回答に及ぼしている影

図5−1　ポジティブ感情のセグメント間比較

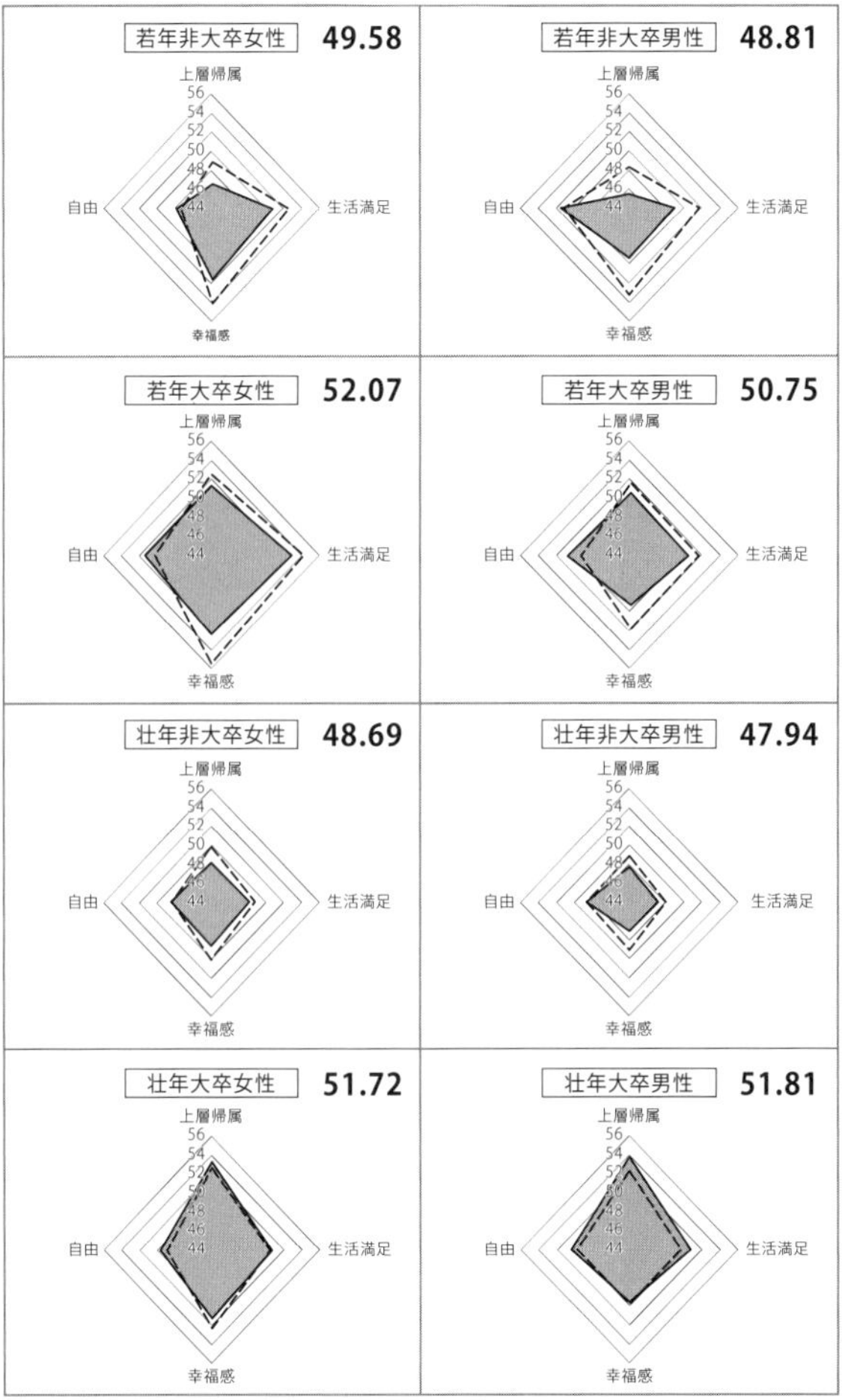

データ：SSP2015

響力を考慮したうえでの数値（推定周辺平均）で、8つのセグメントすべてについて、世帯年収（等価所得対数値）、職業（威信スコア）が全体の平均値で、政令指定都市に在住し、配偶者がいるという同一の条件に揃えたとした場合の得点です。

鎖線と面グラフの差分からは、前章でみた経済力、職業、家族構成、居住地の特性の違いが、各セグメントの面グラフの形状に与えている影響の大きさを知ることができます。結果の読み解きは、一般化線形モデルの多重比較の結果に基づいて行ないます。

それではグラフを読み解いていきましょう。

図5-1からまずわかることは、大卒層のほうが非大卒層よりもポジティブ感情が高い（グラフの面積が大きい）という学歴分断傾向です。ただし、やや意外なのは、前章の結果から類推すれば、壮年大卒男性が「一人勝ち」の状態になってもおかしくないのに、そうはなっていないということです。これは若年・壮年の大卒女性の心の状態が、壮年大卒男性と同等レベルに良好であるためです。

続いて、「幸福な若者」仮説に従って若年層の「4人」の様子をみてみると、実態はそんなに単純ではないことがわかります。

確かに若年大卒女性は、高いポジティブ感情をもっていますので（52・07点）、彼女たちは「幸福な若者」だといってもよいでしょう。しかし若年大卒男性のほうは、彼女たちほど満足度、幸福感、地位の自己評価が高くありません。50・75点という総合得点は、「8人」のうちの中ほどあたりに位置しています。

最上段の若年非大卒層についてみてみると、女性では自由と階層帰属の得点が低めであるために、グラフの面積が小さく、男性では、階層帰属と満足度と幸福度の低さのために、やはりグラフの形状がいびつに縮んだものになっています。加えて、鎖線グラフと面グラフの関係からは、社会経済的地位、家族や地域などの生活条件が、他のセグメントと同程度であれば、グラフはこれほど小さくはならないということが示唆されます。客観的な生活環境の不利さが、本来は面積が小さくない、つまりもっとポジティブであるはずのかれらの感情を、縮んだものにしているのです。

以上を総合すると、若年層のポジティブ感情の実態については、次のように考えることができます。

まず、若者はみな幸福であるという単純な結論を導くことはできません。データが示す事実は、「幸福な若者たち」は大卒層、とりわけ若年大卒女性に限られているということです。

若年非大卒男女は、「幸福な若者たち」ではなく、「絶望の国の少し凹《へこ》んだ若者たち」だとみるべきなのです。

「幸福な若者」説を展開する論者たちに対して戒めておきたいのは、身の回りの大卒層の日常経験に基づいた、宮台の言葉でいう「島宇宙」の若者論では、どうしても、人口の約半数を占める非大卒層への目配りを欠いた語りをしてしまいがちだということです。日本学術会議の、社会学委員会社会変動と若者問題分科会の2017年7月の提言「若者支援政策の拡充に向けて」にまとめられているとおり、最近では、このような視野の偏りを修正する学術的な動きが始まっています。

再び拡大若者「8人」全体を見渡すと、グラフの面積が一番小さいのは、壮年の非大卒層、とりわけ壮年非大卒男性だということに気付きます。

かれらについて、前章では、収入においては大卒層に徐々に引き離されていくけれども、貢献に見合う居場所を得ている、あるいは、落ち着くべきところに落ち着いている人びとだ、というように解釈しました。しかし当人たちの現在の心情は、他の「6人」と比べて決して明るいものではありません。

イソップ寓話の「アリとキリギリス」のような、月並みな教訓になってしまいますが、日本の非大卒層は、若いうちは「ほどほどな若者たち」でいることができても、雇用をめぐる条件や経済力が向上しないまま40代以降に至ると、「不幸に気付いた拡大若者たち」になるのです。同時代人として、かれらの華やかだった若年期を知る者にとっては、ことさらやりきれない思いがあります。

不安定性：「曖昧な不安」から逃れられない男性たち

今の若者が、不安定な状況におかれているということも、しばしば耳にすることです。現代社会はリスク社会であるといわれ、だれもが予測不能なリスクにさらされているのは事実ですが、リスクに対する耐性や反応の仕方は、それぞれの人の社会的な立ち位置によって異なります。

経済学者の玄田有史（2001）は、中高年世代が安定した雇用と高い賃金や退職金を得ていることのあおりを受けて、若者世代の雇用状況が不安定化しているという、生年世代間の不公平を明らかにしました。今の日本の労働市場や雇用環境では、若者に条件の整った仕事を用意することができず、そのためにかれらを「何が原因なのか、一体何がどうなるのか、よくわからない曖昧な不安」の状態に追い込んでしまっている、と玄田はいいます。

この議論を参考に、ここでは「現在志向」「競争不安」「喪失不安」という3つの社会意識項目を、不安定性としてとりまとめて考えていきます。指標は以下のとおりです。

現在志向　「将来のために節約・努力するよりも、今の自分の人生を楽しむようにしている」という問いに対する「よくあてはまる」から「まったくあてはまらない」までの5件法による回答。

競争不安　「まごまごしていると、他人に追い越されそうな不安を感じる」という問いに対する「よくあてはまる」から「まったくあてはまらない」までの5件法による回答。

喪失不安　「うかうかしていると、自分がこれまで獲得したものを失ってしまいそうな不安を感じる」という問いに対する「よくあてはまる」から「まったくあてはまらない」までの5件法による回答。

社会経済的地位にかんして「曖昧な不安」状況におかれた若者たちは、その帰結として、しばしば今を楽しもうとするコンサマトリーな態度を示すことがあります。コンサマトリーというのは、自己目的的、あるいは自己完結的な主体性のあり方であり、社会学者の狭間《はざま》諒多朗《りょうたろう》(2017) は、これを若者の現在志向と呼んでいます。

他方、競争不安と喪失不安は、ともにSSM調査において、人びとの社会階層への構えをみるために用いられてきた項目で、前者は相対的な地位の凋落《ちょうらく》を、後者は既得のものごとの喪失を、不安の源泉とみた指標です。

図5-2は、不安定性のセグメントごとのレーダーチャートです。この分析の場合は、グラフの面積が大きいほど、不安定な心情にあることを意味します。

ここからわかるのは、まず、女性よりも男性のほうが、不安定性が高いということです。さらに、壮年層より若年層のほうが、やや不安定性が高いということも読み取れます。結果的に、これら2つの傾向が重なる若年男性の2セグメントにおいて、不安定性がとくに高くなっています。

その若年男性に焦点を絞って詳しくみると、若年大卒男性では競争不安がやや高いのが特徴であるのに対し、若年非大卒男性では現在志向が強いのが特徴で、やや微妙ですが、グラフの三角形のかたちが異なっています。

つまり、同じ若年男性の不安定性でも、大卒男性が競争に負けることへの不安に苛《さいな》まれ

図5−2　不安定性のセグメント間比較

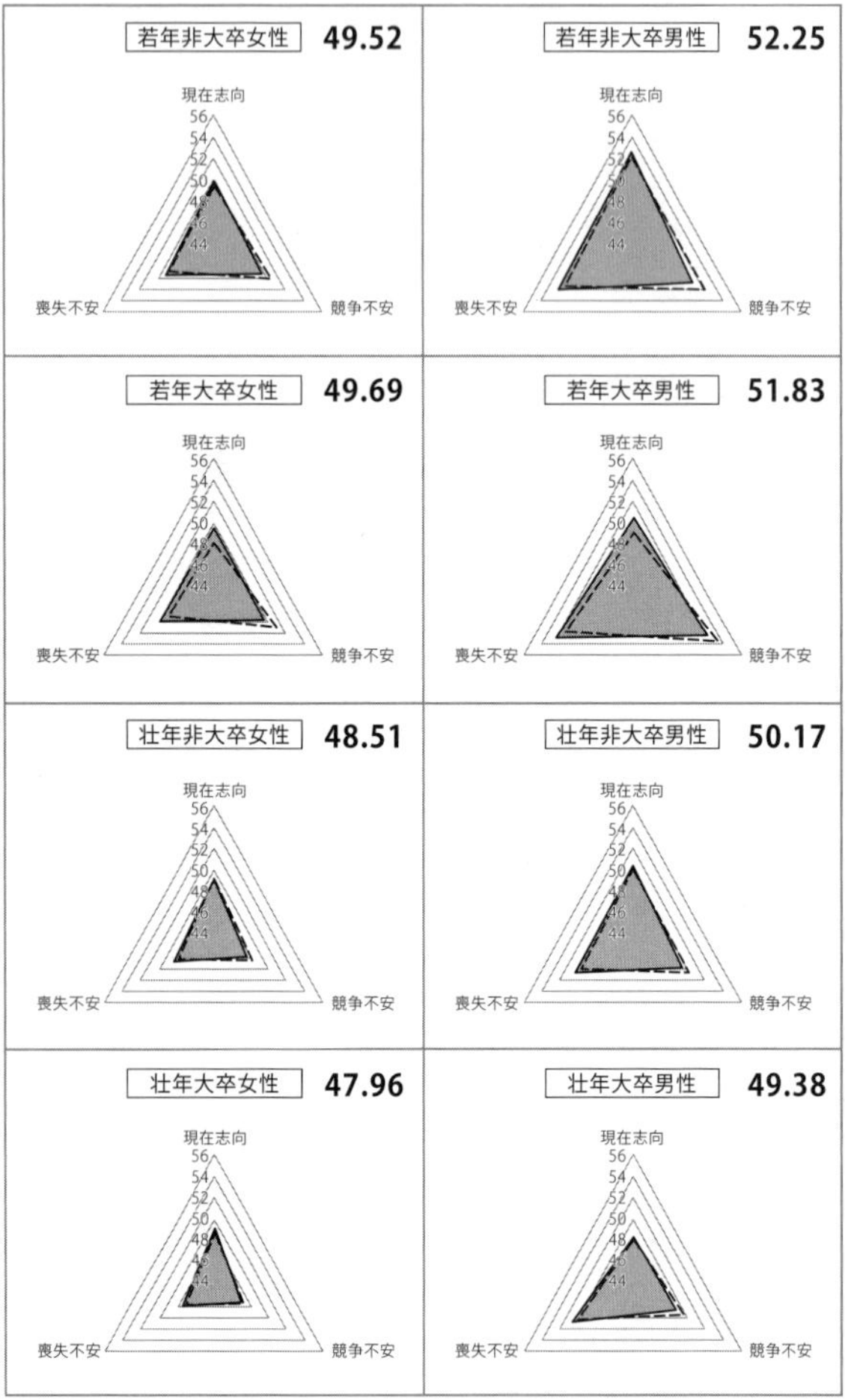

データ：SSP2015

ている一方で、非大卒男性は、不安定な将来展望に対し、享楽的な反応をしているという違いがあるのです。

あらためて「８人」を見渡すと、不安定性のグラフの面積が小さい、つまり将来展望が安定しているのは、壮年女性たちです。

このように、若年男性と壮年女性を両極とする不安定―安定の傾斜は、少し意外なものにも思われますが、次のような解釈が可能でしょう。

若年男性たちは、産業経済セクターに軸足をおき、前章でみたとおりの流動的で不安定な労働市場のなかで、この先長く賃金労働を続けなければなりません。かならずしもあくせく働かなくてもよいのですが、彼らの多くはそのように認識しているのでしょう。結果的に彼らは「仕事のなかの曖昧な不安」に直面することになるのです。

他方、ワーク局面への出入りが自由な壮年女性たちは、仕事をめぐる状況が不安定になっても、先行きに不安を感じることは少ない、というわけです。

このように、産業経済セクターからのストレスのかかり方の強弱には、社会的な立ち位置による違いがあるのです。

社会的活動の積極性：おとなしい若者の正体

続いて、若者の積極性について考えます。

かつて若者は、自分たちの社会の将来を真剣に考え、社会に向けて積極的に働きかけるものと理解されていました。その原型は、全共闘世代（学生運動に参加した若者世代）とも呼ばれた、団塊の世代に求めることができます。しかしその後は、若者がおとなしくなってきたという言説が繰り返されてきました。

とくにロスジェネ以降の若者については、おとなしさがさかんに指摘されています。再三言及してきた「若者の○○離れ」に加え、「草食系」「さとり」といった形容がなされるのは、本書でいうところの若年層です。かれらは、働くこと、遊ぶこと、モノを買うこと、異性と交際することなど、日常の活動全般について消極的で、社会的な活動や運動にも熱心ではない、といわれています。

そこで、この現代若者のおとなしさについて、実態を分析してみようと思います。

指標として用いるのは、「仕事への関与度（職場における自己実現や承認の度合いで、職場適応ともいいます）」「社会参加」「政治関与」「高級消費」「文化的活動」の積極性です。

ここでは社会的活動の積極性を幅広く捉えるために、5つの指標に対して、総計17個の変数を用います。

仕事への関与度（職場適応）　「職場では自分の働きぶりが認められている」「自分の仕事の内容やペースを自分で決めることができる」「職場全体の仕事のやり方に自分の意見を反映させることができる」という質問への「かなりあてはまる」から「あてはまらない」までの回答についての主成分得点変数。

社会参加　「市民運動への参加」の頻度、「ボランティア・NPO活動」の頻度、「募金や寄付」の頻度を問う5件尺度の項目の主成分得点変数。

政治関与　「国政選挙や自治体選挙の際の投票」の頻度、「国会や地方議会の議員とのつきあい」の頻度、「政治のことは難しすぎて自分にはとても理解できない」という意見（反転）、「政治のことはやりたい人にまかせておけばよい」という意見（反転）の5件尺度の項目についての主成分得点変数。

高級消費　「プレミアム（ワンランク上の）商品の購入」の頻度、「サプリメント・

健康食品の利用」の頻度、「海外旅行」の頻度を問う5件尺度の項目の主成分得点変数。

文化的活動

「クラシック音楽の音楽会・コンサートにいく」の頻度、「美術展や博物館にいく」の頻度、「小説や歴史の本を読む」の頻度、「図書館の利用」の頻度を問う5件尺度の項目の主成分得点変数。

図5－3は、セグメントごとの社会的活動の積極性を示したレーダーチャートです。ここでは、活動頻度が高いほど、グラフの面積が大きくなるように指標の方向を揃えてあります。

まず目を引くのは、若年非大卒男女が、いずれの社会的活動についても、極めて消極的であるということです。図中最上段のかれらと、その他のセグメントを切り分ける位置には、分断線があるとみることができるでしょう。面グラフと鎖線グラフの形状と大きさのズレは、若年非大卒層の社会的活動の消極性の少なからぬ部分が、かれらが置かれた社会経済的地位や家族、居住地などに起因するものであることを示しています。

しかし、同じ若年層でも、大卒男女はそれほど消極的ではなく、総合得点は現役世代全体の中間あたりに位置しています（50・21点と50・61点）。現代若者の活動性は、学歴によっ

図5−3　社会的活動の積極性のセグメント間比較

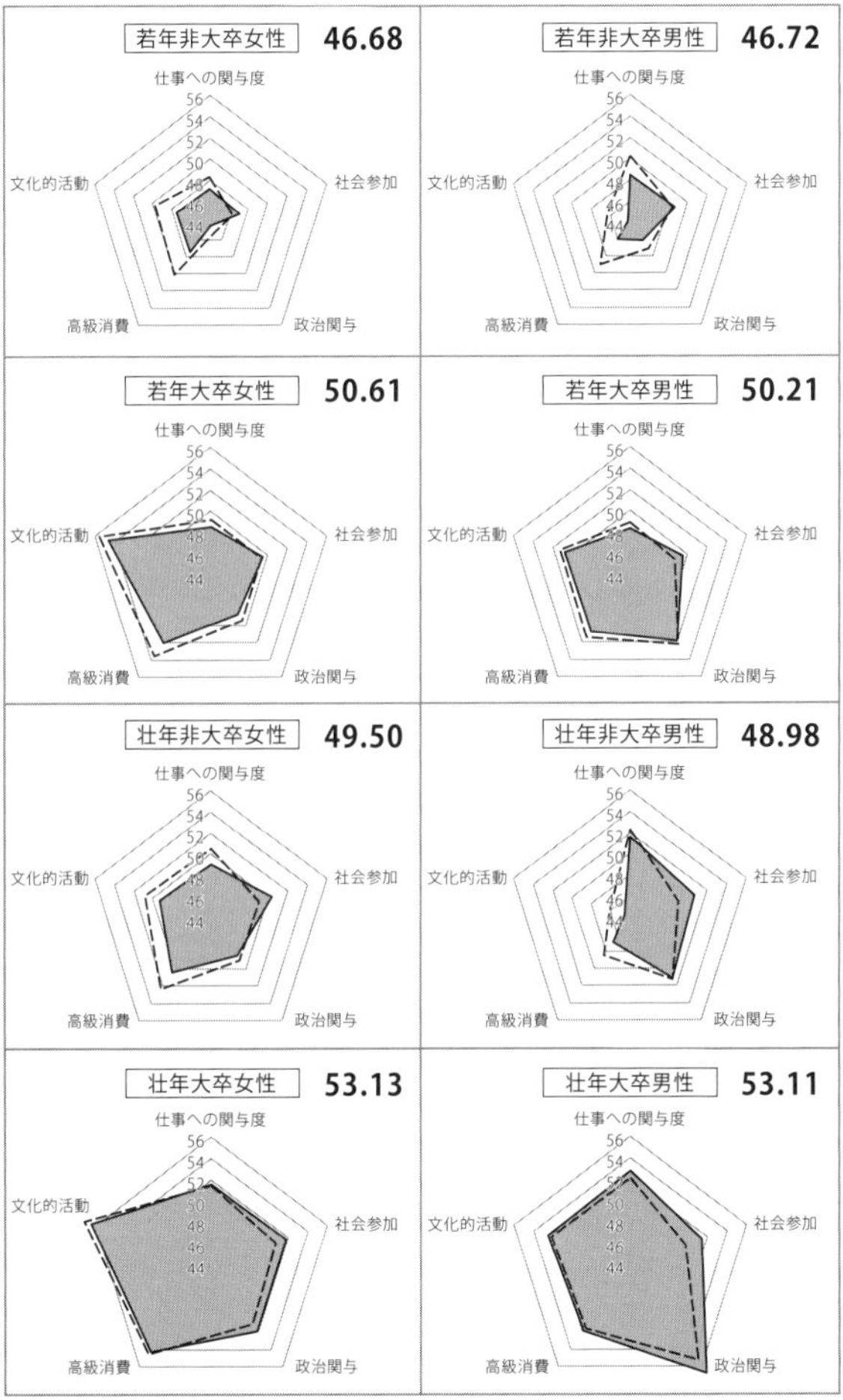

データ：SSP2015

て、上下二層に分断されているのです。

全体をみると、最下段の壮年大卒層は、男女ともに、仕事についても、社会参加活動についても、政治や消費や文化的活動についても積極的であり、若年非大卒層の消極性とのコントラストが極めて大きくなっています。

さらに、グラフの形状からは、セグメントごとに「得意分野」の違いがあることがわかります。たとえば大卒男性は、後述するとおり、政治についてとりわけ積極的ですが、大卒女性はむしろ文化的活動に積極性を示しています。

また、壮年非大卒男性は、文化的活動と消費にかんしてかなり消極的です。若年非大卒男女のグラフも特異な歪みをもっているのですが、それ以前に、かれらがあらゆる活動に消極的であることを強調すべきでしょう。

若年非大卒層の政治的疎外

ところで、若年層の社会とのかかわりについては、「若者の政治離れ」ということがとりわけよくいわれます。けれども、政治的な運動を展開したり、活発に政治的な発言をしたりする若者たちもいますし、いわゆるネット世論として、政治的な意見交換が活発化していることも無視できません。

そこで、若者の政治的積極性の実態について、「解像度」を上げて確認しておきましょう。指標とするのは「投票頻度」「政治的関心」「政治的理解」の3つです。

投票頻度　「国政選挙や自治体選挙の際の投票」の頻度を問う5件尺度の項目。

政治的関心　「政治のことはやりたい人にまかせておけばよい」という意見（反転）についての、「そう思う」から「そう思わない」までの5件尺度の項目。

政治的理解　「政治のことは難しすぎて、自分にはとても理解できない」という意見（反転）についての、「そう思う」から「そう思わない」までの5件尺度の項目。

図５－４は、セグメントごとの政治的積極性のレーダーチャートです。ここでは学歴差、生年世代差、男女差という3要因が大きく作用していて、その結果として、若年非大卒女性の政治的積極性を示すグラフが著しく小さくなっており、若年非大卒男性がそれに続いています。

図5－4　政治的積極性のセグメント間比較

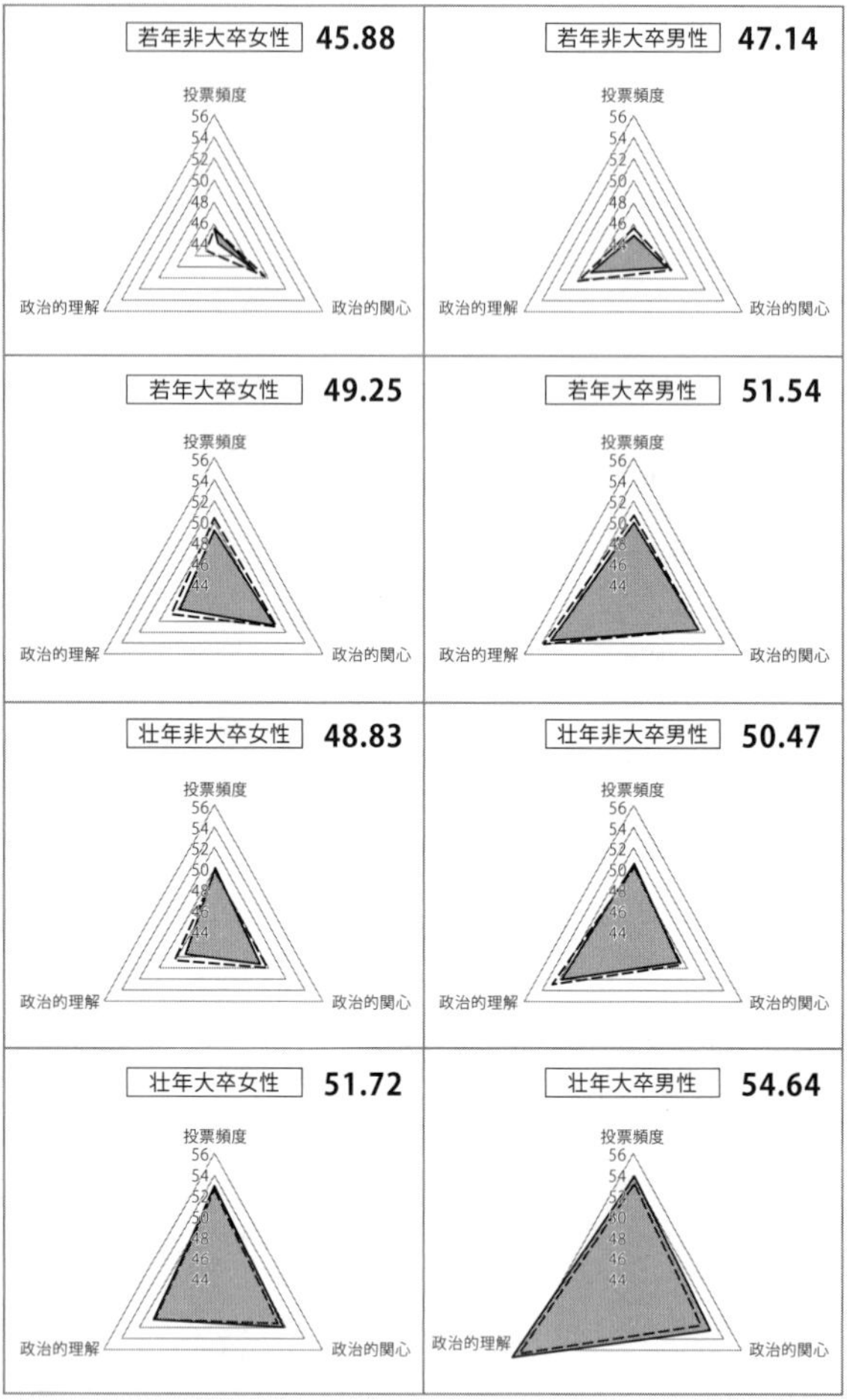

データ：SSP2015

しかし、同じ若年層の「４人」のうちでも、大卒男女の政治的積極性は、指摘されているほど低くはないことがわかります。つまり、「若者の政治離れ」という表現は正確ではなく、政治離れは若年非大卒層に限った傾向なのです。

全体をみると、「８人」のなかでは、壮年大卒男性の政治的積極性が飛び抜けて高くなっています（54・64点）。社会経済的地位において「一人勝ち」状態にある壮年大卒男性が、政治的なものごとを一手に引き受けるかたちになっているのです。

そして、残りの壮年３セグメントと若年大卒の男女がこれに続き、若年非大卒層の男女だけが、大きく引き離された位置にいるのです。

繰り返してきたとおり、かれら（若年非大卒層）は不利な生活条件を背負わされながら、この先の日本社会を長く支えていかなければなりません。しかし、まさに声を上げるべき状況にあるはずのかれらは、政治のしくみについて十分に理解できておらず、政治を他人事のように考え、選挙にも参加しない状態にあるのです。つまり、現代日本社会は、若年非大卒層を政治的決定から疎外しているということになります。

若者の活動性と大卒／非大卒――海外経験豊富な大卒女性、内向き志向の非大卒男性

少し視点を変えて、国際経験についてもみておきましょう。

図5-5は、海外旅行の経験を、「数年に1度以上の頻度で行く」「行ったことがあるが5～6年は行っていない」「1度も行ったことがない」の3分類でセグメントごとにみたものです。

現役世代全体では、海外旅行経験率は68・3％です。海外旅行はすでに大衆化して久しいもののように考えがちですが、一度も海外に行ったことがなく、おそらくパスポートを取得したことがないであろう人たちが、現役世代内に、現在でもまだ3割以上いるのです。

さらに、海外旅行経験の有無にも、頻度にも、セグメントごとの偏りがあります。

まず、大方の予想どおり、大卒層のほうが海外経験が豊富であるという明確な学歴分断傾向がみられます。とりわけ、何につけてもアクティブな壮年大卒女性は、ほぼ9割が海外旅行経験をもっていますし、若年大卒女性の約4割が数年に一度は海外に行っているという頻度の高さも目立っています。

こうした大卒女性の海外志向とは対照的に、若年非大卒層は、海外旅行の経験も頻度も少ない傾向にあり、左端の若年非大卒男性について海外旅行未経験者の比率をみると、半数を

図5−5　海外旅行経験のセグメント間比較

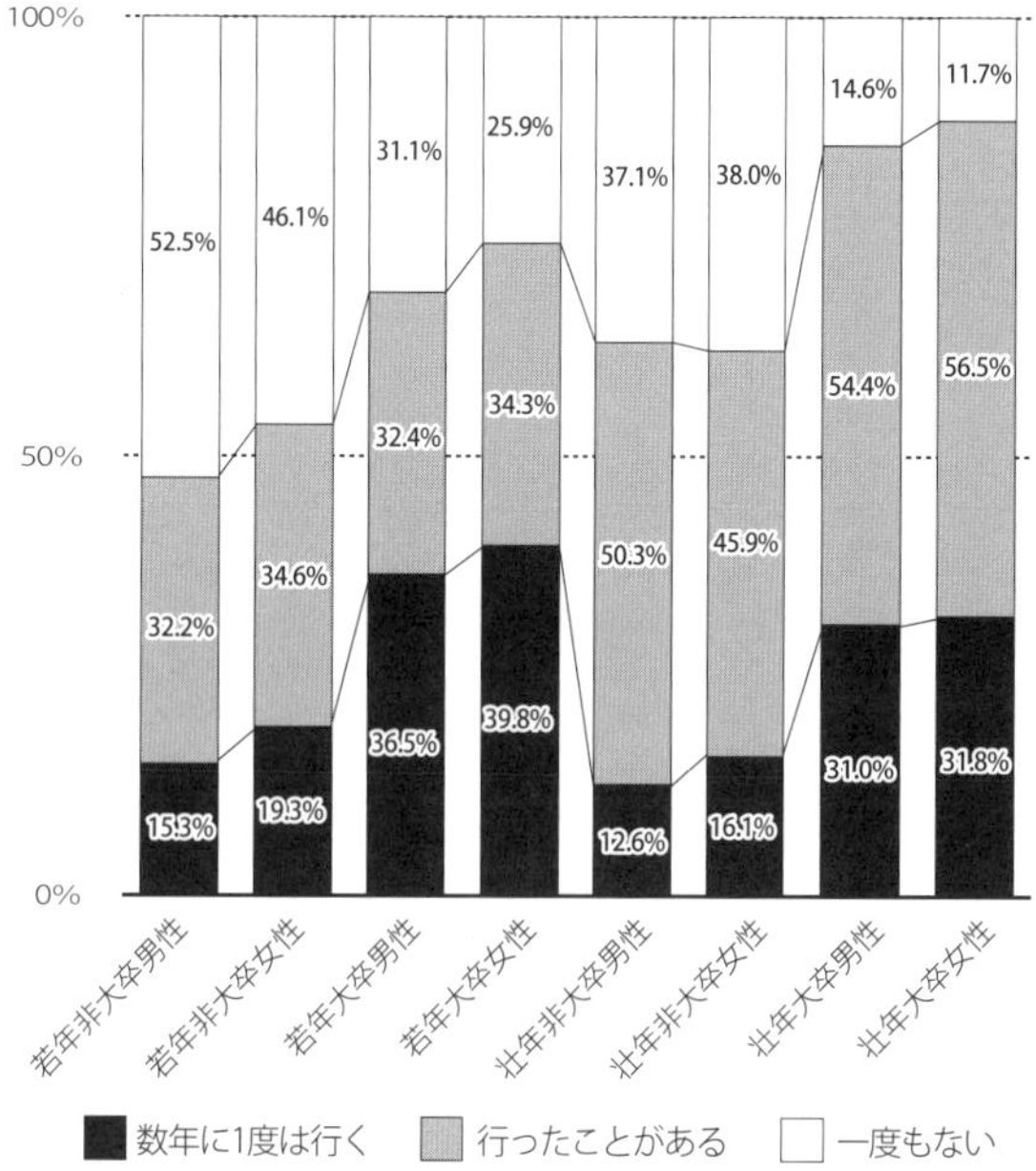

データ：SSP2015

超えています（52・5%）。国際性にかんしても、若年非大卒層が取り残されているというのが現状なのです。

社会参加の積極性について、明らかになったことをまとめると、次の2点となります。

第一は、現代若者は、決して一様におとなしくなっているわけではなく、消極性が目立っているのは、若年非大卒層だということです。第二は、壮年層、すなわち40代以上の大卒「拡大若者」たちが、若年層や同世代の非大卒層を上回る高い向社会性をもって、アクティブに日々を生きているということです。

マーケティングアナリストの原田曜平は、現代若者のなかにタイプの異なる消極層を見出し、それぞれを「さとり世代」と「マイルドヤンキー」と名付けています(原田 2013, 2014)。明示こそされていませんが、これは若年大卒層と若年非大卒層の活動性の異なりを描いたものだと読み取れます。

その議論の成否を、ここでの分析に基づいて検証するならば、若年非大卒層が社会的活動全般について、地味で内向きで消極的な「マイルドヤンキー」化しているというのは、まさに正鵠《せいこく》を射《い》た指摘だといえます。かつてはやんちゃで活力がみなぎっているものとされた非大卒若者は、昨今では遠慮がちに社会とかかわっているのです。

他方原田は、「さとり世代」については「バブル世代」との対比で描いています。確かに大卒層だけに視点を定めて現役世代内で上下の世代間比較をすれば、若年大卒層は、バブル期の大卒層のような「肉食系」の積極性はもち合わせていないかもしれません。けれども、同じ若年層内部で比較すれば、大卒層は向社会性や積極性をもっており、すっかり「マイルド」になった非大卒層よりは、ずいぶん積極的に社会とかかわろうとしています。

よって昨今の若者すべてを「さとり」とか「草食系」とみて、かれらの消極性を強調するのは、キャッチコピーとしては面白いですが、誤解を招きやすい表現です。そして、しばしばいわれる現代若者の活動性の捉え難さは、大卒／非大卒の活動の積極性の違いを軸に見直すことで、ある程度整理されるように思われます（狭間 2017）。

ジェンダー意識：イクメンは若年大卒男性の夢

ジェンダー意識については、第2章で少し触れた新しいトピックである「イクメン意識」に絞って詳しく検討しましょう。指標には次の意見の賛否を用います。

イクメン意識（男性の家事・育児参加への賛否）

「夫が妻と同じくらい家事や育児をするのはあたりまえのことだ」という意見に対する、「そう思う」から「そう思わない」までの4件法による回答を、肯定／否定に二分。

図5－6　イクメン意識

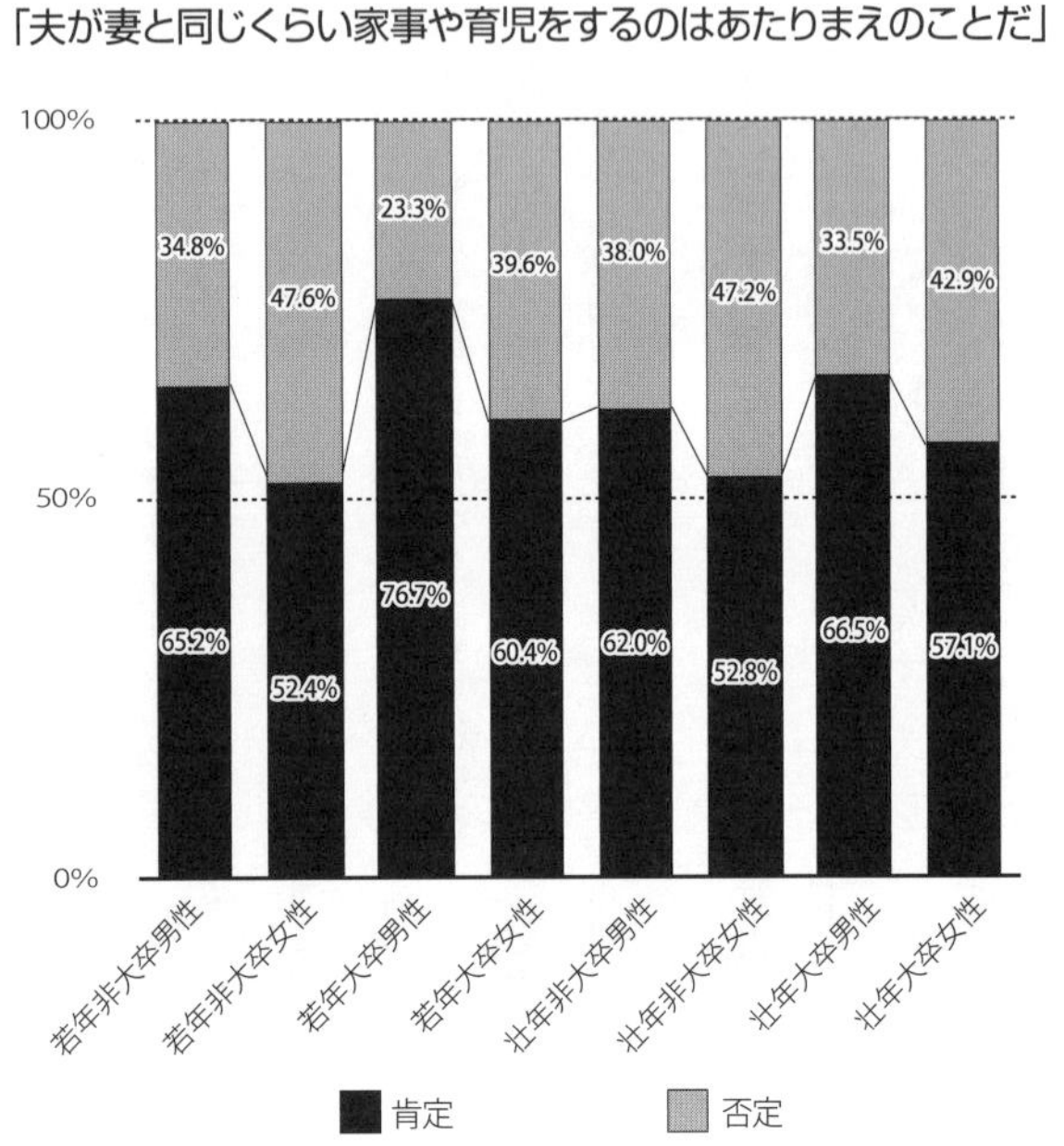

データ：SSP2015

図5‐6は、その結果をみたものです。女性よりも男性のほうがイクメンに肯定的だということはすでに述べましたが、詳しくみると、その強弱にはセグメントごとにかなりばらつきがみられます。

まず、イクメン否定派が多いのは、若年と壮年の非大卒女性たちです。専業主婦やパート主婦、あるいは家事手伝いなどが多いこれらのセグメントでは、家事・育児が彼女たちのアイデンティティの源泉となっており、この役割を堅持したいという気持ちが強くなっているのでしょう。

これに対して、イクメンに最も肯定的なのは、若年大卒男性の76・7％です。この肯定率は、その他のセグメントの男性より10ポイントほど高く、やや突出する形になっています。要するに、若年大卒男性は、性別役割分業のあり方を率先して変革しようとする、「意識高い系」であるわけです。

とはいえ、彼らのなかで、実際に配偶者がいるのは半分以下なのですから、そもそもここに大きな課題があります。よって現状では、イクメン意識は実践にはかならずしもつながっていないということになります。

あらためて考えてみると、イクメンをめぐるキャンペーンは、知らずしらずのうちに若年高学歴男性をターゲットに見立て、夫婦の形態としては大卒同類婚を想定し、彼らの家事・育児支援を奨励するものとなっていることに気が付きます。少なくとも私は、男性で育児休暇を取得した人や、イクメンを率先して実践している人については、大卒同類婚をしている大卒男性の実例しか見聞きしたことがありません。読者はいかがでしょうか。

この点で、「イクメン」の掛け声は、非大卒の子育て中の女性が直面している経済的な困窮や、女性たち全般の就労と家事・育児の両立の難しさのような、切実な実質的課題からは遠く離れたところで、若年大卒男性の夢として盛り上がっている文化現象であることを指摘しなければなりません。

教養・アカデミズム：学歴分断・文化的再生産を駆動させるソフトウェア

若者の軽薄化ということは、1950年代以降ずっといわれています。読書量が減った、新聞を読まなくなった、という若者の活字離れも久しくいわれています。ICTが進展することで、教養のあり方が変わってきたという説もあります。

他方、大学進学や海外留学をめざすというアカデミズム志向にも、やはりセグメントごとの傾向の違いが予想されます。そこで、広い意味での教養・アカデミズムを、「大学進学志向」と「文化的活動」と「海外留学志向」を指標としてみていくことにします。

大学進学志向

「子どもには、大学以上の教育を受けさせるのがよい」についての、「そう思う」から「そう思わない」までの4件法による回答。

文化的活動

（前掲主成分得点）

海外留学志向

「子どもには、海外留学をさせたほうがよい」についての、「そう思う」から「そう思わない」までの4件法による回答。

図5-7は、セグメントごとの教養・アカデミズムのレーダーチャートです。一見して明らかなとおり、教養・アカデミズムにおいては、大卒層は大学進学志向が強く、美術作品や音楽や活字に親しむ文化的活動に積極的で、海外留学志向も高いのですが、非大卒層は大学進学志向が低く、文化的活動にも消極的であるという学歴分断傾向があります。これらは多くの人の実感に見合うものだと思われます。

加えて文化的活動には、女性のほうが男性より積極的であるという男女差があります。海外留学についての考え方も、先述の海外旅行頻度から予想されるとおり、男性よりも女性のほうが積極的です。これらが重なり、若年非大卒男性（46・62点）と、壮年非大卒男性（46・66点）の2つのグラフは、他よりもひときわ面積が小さいものになっています。

ここで取り上げたような、大学進学や留学への志向、あるいは芸術への審美性や高尚な趣味などの上級の階層文化は、世代間再生産を駆動させるソフトウェアとして機能する傾向があります。これが文化的再生産といわれるプロセスです。

図5−7　教養・アカデミズムのセグメント間比較

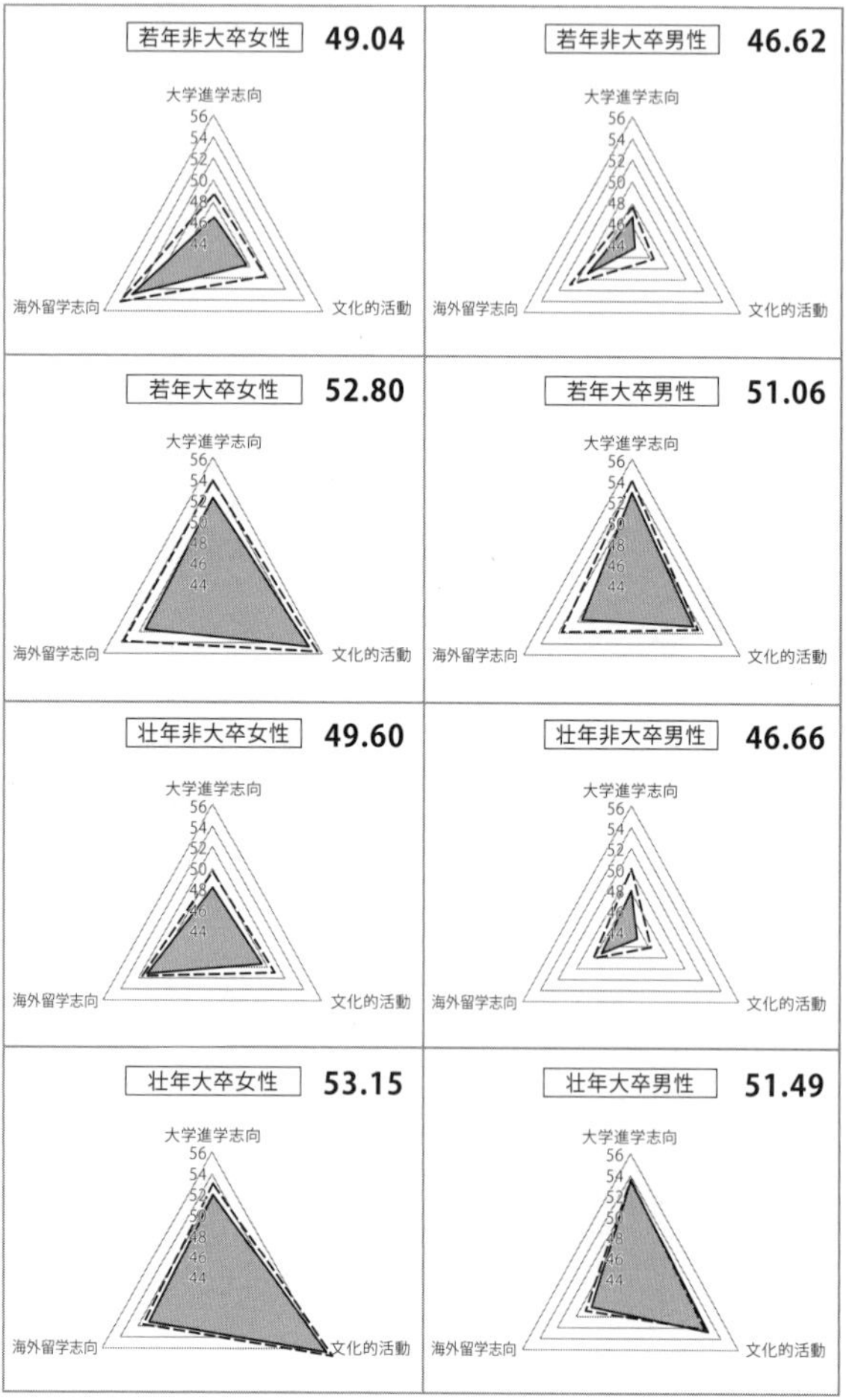

データ:SSP2015

ここでみた傾向から知られるとおり、大卒／非大卒の学歴分断構造は、日本における文化的再生産を考えるうえで、欠くことのできない枠組みとなっているのです。

健康志向：男性内部の健康リスク格差

最後に、同じかたちの分析法で、健康にかんする分断状況をみておきましょう。

もっとも、ここでは現役世代をみているわけですから、現在の健康状態ではなく、将来の健康リスクにかかわる健康管理に注目していきます。ＳＳＭ２０１５のほうには、健康志向について尋ねる項目がありますので、そちらを使って結果を確認しましょう。

健康に気をつけて食事をしている
健康のために運動をしている
喫煙しない（「タバコをよく吸う」を反転）
飲酒しない（「お酒をよく飲む」を反転）

いずれも「あてはまる」から「あてはまらない」までの４件法。

図5‐8は、セグメントごとの健康志向のレーダーチャートです。ここで明らかになるのは、まず女性は全般に、健康に気を配った日常生活を送っており、嗜好品《しこう》も控えめだということです。女性のなかでは、生年世代による違いや学歴差はそれほど大きくはなく、グラフ形状はほぼ一様です。

しかし男性では、かろうじて健康のための運動だけは実践しているものの、食事にはあまり気を遣《つか》っておらず、喫煙や飲酒の頻度も高い傾向にあります。さらに、男性の健康志向には明確な学歴差と生年世代差がみられます。

詳しくみていくと、壮年層大卒男性は食事と運動には比較的気を配っています。けれども、同じ壮年層でも非大卒男性は、健康への配慮を著しく欠いています。中年期以降の生活習慣病への備えについても、やはり学歴分断傾向がみられるのです。

他方、若年層をみると、若年大卒男性は確かに、他の男性よりは「アルコール離れ」「タバコ離れ」していて、健康のための運動も心がけているので、グラフがやや大きくなっています。ところがこれとはまったく対照的に、若年非大卒男性の健康志向を示すグラフは極めて小さく縮んだものとなっています。つまり、若年層の「アルコール離れ」「タバコ離れ」というのは、若年非大卒男性にはまったくあてはまっていないのです。

図5－8　健康志向のセグメント間比較

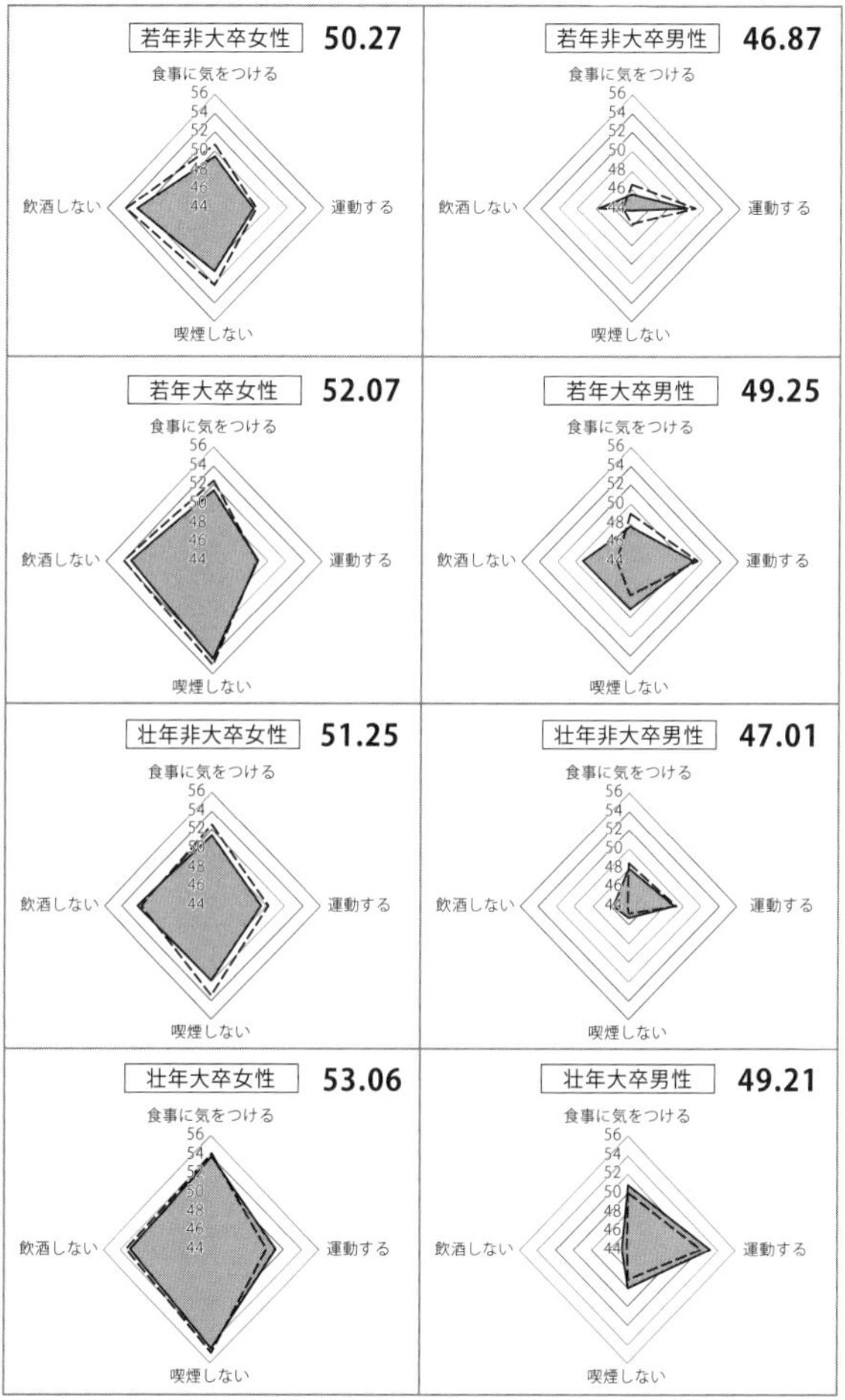

データ：SSM2015

図5−9　喫煙者比率のセグメント間比較

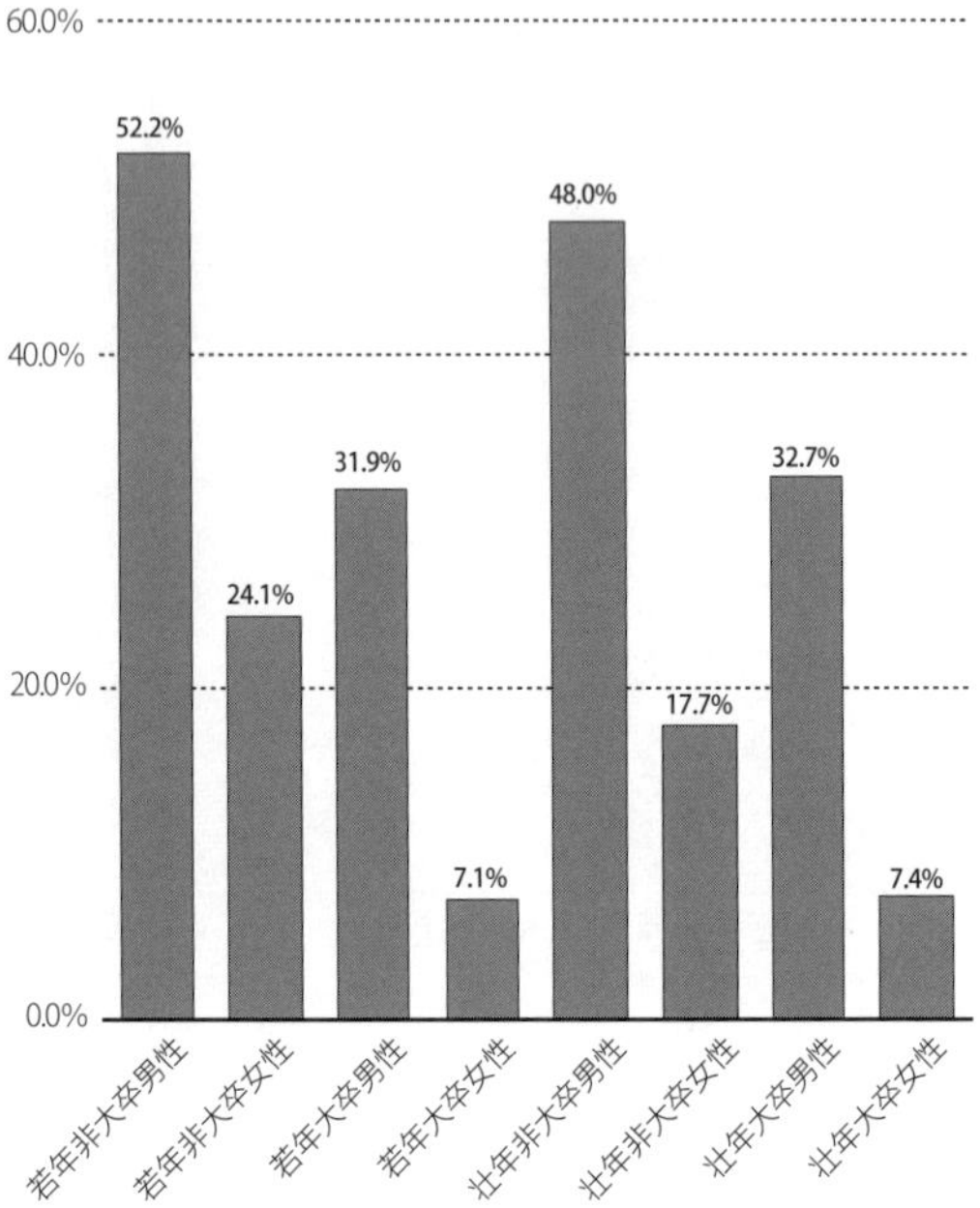

データ：SSM2015

ここで、健康リスクと公共のマナーの双方において、しばしば論点となる、喫煙について詳しくみておきます。「タバコをよく吸う」かどうかという問いに「あてはまる」「ややあてはまる」「あまりあてはまらない」と回答した人を喫煙者、「あてはまらない」と回答した人を非喫煙者とみて、セグメントごとの喫煙者の比率をみたものが図5‐9です。

まずわかるのは、喫煙者が多いのは非大卒男性で、その喫煙率は50%前後だということです。そして「８人」のうちで最も喫煙率が高いのは、若年非大卒男性の52・２％です。

これに対し、大卒男性の喫煙率は３割ほどであり、女性の喫煙率はそれよりさらに低くなっています。ただし若年非大卒女性は、喫煙率が女性のなかでは比較的高く（24・１％）、４人に１人が喫煙者であるということがわかります。もっとも、喫煙率にこのようなセグメント差があることは、おおよそ読者の予測どおりの結果でしょう。

公衆衛生の分野では、生活習慣の社会的地位による違いが、疾病リスクや余命の長さに格差をもたらしていることが指摘されています（マーモット2017）。日本においては、とくに男性において、人生全体の質（ＱＯＬ）に学歴分断の兆候をみることができるといえるでしょう。とくに、健康への配慮が十分とはいえないなかで、多くがブルーカラーの体を使う仕事に就いている非大卒男性については、将来的な健康リスクが危惧《きぐ》されます。

健康や嗜好の分断を考える本筋からは外れますが、喫煙率はすなわち、各セグメントのたばこ税の負担額の大きさだとみることができます。すると、たばこ税増税というのは、比較的所得の少ない非大卒の若者たちに対して、「狙い撃ち」のかたちで税負担を求める政策だということがいえそうです。

「勝ち星」の付かない若年非大卒男性

現役世代の「8人」の主体性について、明らかになった傾向を短くまとめておきます。「8人」のなかで一番心の状態が良好で、積極的に社会とかかわりをもっているのは、壮年大卒女性です。産業経済局面を外れた日常生活局面について、現役世代をけん引している「リーダー」は彼女たちなのだといっても、あながち間違いではないでしょう。

これに続くのが、若年の大卒女性たちで、やはり満足度や幸福感の高いポジティブな心の状態にあります。彼女たちは、政治をはじめとする社会参加には消極的ですが、海外に目を向け、文化やアカデミズムを積極的にけん引する動きをみせています。これとは別の研究では、多様な価値観を容認する態度が、若年高学歴女性から浸透しはじめていることもわかっています（吉川 2014）。

他方、壮年非大卒女性は、健康志向が高く、不安感も低いのですが、ポジティブ感情は高いわけではありません。そして、政治的な積極性には欠けるものの、社会的な活動性はおおよそ中間的です。

若年非大卒女性は、客観的な生活状況が苦しいわりにはポジティブ感情が高く、不安定性も男性ほど顕著ではありません。しかし彼女たちは、政治をはじめとした社会的活動には極めて消極的であり、イクメンについてもやや否定的にみています。

男性についてみていくと、壮年大卒男性は、男性のなかでは心のあり方がポジティブで安定しており、健康管理もできています。彼らは、政治をはじめとした社会参加活動にたいへん積極的に関与しており、壮年大卒女性とともに、現役世代をけん引する役割を担っている人びとだといえます。

これに対して、壮年非大卒男性に特徴的なことは、ポジティブ感情の得点が「8人」のなかで最も低くなっていることです。彼らは社会参加や政治関与にはそこそこ積極的ですが、文化的な活動や高級消費活動には、まったく縁遠い状態にあります。

若年大卒男性は、ポジティブ感情は低くはないのですが、不安定性がやや高く、活動性についても活発というほどではありません。ただし、同世代の若年非大卒男性と比較するかぎりにおいては、心の状態も、活動の状態も悪くはありません。彼らについて特徴的なのは、イクメン志向が突出して強いことと、健康志向が強いということです。

そして、グラフをみていく際に一貫していたことは、どの指標をみても、若年非大卒男性には、まったく「勝ち星」が付かないということです。

具体的にいうならば、彼らのポジティブ感情は、比較的「幸福」な若年層のなかにあって最も低く、社会的活動については総じて活動頻度が低く、政治的な理解や関心は弱く、選挙への参加にも消極的です。他方で留学や海外旅行など海外には目を向けない「内向き」志向が強く、教養や文化的活動への志向も希薄です。大学進学への志向も、当然予想されることながら強くはありません。そのうえ、喫煙、飲酒の嗜好が強く、自らの健康についての日常的な配慮も十分ではありません。

すでにみてきたとおり、かれらは客観的な生活条件にかんして、他の「7人」からやや引き離された不利な状況下にいます。ここで示してきた、彼らの主体性の凹みからは、そのことに加えて、彼らの心のあり方についても、多くの側面でたち遅れていることが気にかかります。

第6章　共生社会に向かって

分断社会の実像——周縁ではなく本体部分が凹む

はじめに、次の文を読んでみてください。

レストランでの給仕人見習いや皿洗いは、巧みに交渉すればひょっとするとレストランのシェフやマネージャーになれるかもしれない、といった出世街道に乗ってはいない。一生懸命働いた給仕人見習いや皿洗いは、単によく働く給仕人見習いか皿洗いになるだけである。また管理人（警備員）が、自分が掃除していたビルのオフィスで座って仕事ができるようになるかどうかは、彼の勤勉さや忍耐次第だなどとは考えられない。また電気技師、配管工、蒸気管取付師や煉瓦積み工などの熟練工になるのは熟練工見習いであって、普通の黒人非熟練労働者ではないのである。

このように、仕事はステップアップのための階段ではない。行き止まりなのである。そして、明日も、来月も、来年も、今日以上のことはもたらされないことが約束されているのである。

ほとんど何ももたらさず、何の約束をすることもないのならば、仕事は「どうでもいいこと」でしかない。男たちは仕事を無頓着に扱っているように見えるし、気分次第で仕事をしたりしなかったりする。それはあたかもその場の欲求、一時的な気分、お金、結果、将来についての考えのない気まぐれなわがままに即時的に満足することにすべての事態を任せているかのようである。中流階級の人からみれば、このような行動は「その場しのぎ（present-time orientation）」つまり「欲望の延期ができていない」ということになるのである（リーボウ 1967=2001, pp44-45）。

これは、現代日本の若者をみているわけではもちろんありません。今から50年以上前のアメリカの黒人都市下層青年の日常を描いたエスノグラフィの一節です。

彼らは、社会の主要なしくみから分断され、地位上昇のきっかけを与えられないまま、ただ街角にたむろしていました。黒人たちは、このとき公民権をすでに勝ち取っていましたから、彼らは民主主義の国アメリカの、前途ある若年市民であるはずでした。にもかかわらず、日々の暮らしの実情はこうだったのです。

いや、自立した社会の一員だとみなされていたからこそ、手を差し伸べられることがなかったといえるでしょう。そして、彼らと日常的に接することの少ない大多数のアメリカ市民は、彼らの人生について何もわかっていない、と著者は指摘しています。

それから半世紀を経た2016年、アメリカ中西部ラストベルトの80～90年代の白人労働者階級の生活を、自伝として描いた青年実業家J・Dヴァンス（2016）の著作『ヒルビリー・エレジー』が、全米ベストセラーとなりました。今度は白人労働者階級の一部が、社会のしくみからいつの間にか切り離され、すさんだ暮らしから逃れられなくなっている、という現実が暴かれたのです。

その背景には、繁栄していた国内重工業が凋落《ちょうらく》し、親の代まではブルーカラー労働者として町で安定した仕事を得ていた白人たちが、見捨てられて行き場を失っている、といういきさつがあります。

かれらもまた、マイノリティや社会的弱者ではなく、広い意味での中間層にいる市民だと考えられていて、それゆえに公的扶助や支援を受けることなく生きてきた人びとです。それなのに、かれらとその他の市民の間には、越えがたい分断線ができていると著者は論じています。そしてかれらの心のなかには、絶望や不安や不満が鬱積《うっせき》し、それが「隠れトランプ支持」となり、トランプ大統領に勝利をもたらす一因となったのだ、といわれています。

同じ年、第3章でも紹介した社会学者パットナム（2016）は、その著書『われらの子ども』において、こう論じています。

１９５０年代のアメリカを振り返ると、家族や地域の十分な絆（社会関係資本）のなかで、貧しい出自の子どもたちにも、最低限の生活とアメリカンドリームをつかむチャンスを与えることができていた。ところが、この半世紀の間に、アメリカ社会における絆の質と量は大きく低下し、現在では、上層再生産と下層再生産という二種類の世代間関係がはっきり分断されてしまっている――。

他方イギリスでは、自分たちの伝統と文化に誇りをもって暮らしてきた労働者階級の人びとが、積年の生活の凋落に苛立ち、２０１６年に行なわれた国民投票では、ＥＵ離脱賛成に票を投じたといわれています（ブレイディ 2017）。

さらに歴史を遡れば、ワイマール共和制下のドイツでは、失業やインフレにあえいでいた都市下層中産階級の青年たちが、強い権威を求め、ヒトラーが率いるナチスに率先して協力したという事実も思い浮かびます（フロム 1980）。

これらの分断社会の実例においては、失業、貧困、離婚・再婚の繰り返し、家族崩壊、ネグレクト、銃、麻薬、暴力、窃盗、人種排外、ファシズム……と、ただならぬ事例が次から次へと出てきます。これらは、わたしたちの社会の現実からはかなり距離がある実態だ、と思いたいところです。けれども、最新の社会調査データが描き出した近未来の日本社会の姿は、これらとまったく縁がないものとは言い切れません。

一番気にかかる類似点は、現代日本で見出された分断線が、社会の周縁で正常と逸脱を切り分けるものではなく、一般市民の何割かを、他の人びとから切り離す位置にあるということです。ここで挙げたすべてのストーリーに共通しているのは、「健全」だとみられていた社会の本体部分、本書でいえば現役世代に、人知れず大きな凹みができていて、その規模の大きさゆえに、社会全体に悪影響が及ぶという構図です。

みえてくる日本の分断構造

データ分析からは、現代日本の現役世代の「8人」のレギュラーメンバーが、それぞれ異なる特性をもっていることがみえてきました。

しかしわたしたちは、それぞれの長所を生かしながら、うまく分業しているのかといえば、決してそうではありません。

分析結果を総合的にみて、「8人」のうちで最上位にいるのは、壮年大卒男性です。20世紀の人生の「勝ちパターン」に乗ることができた彼らは、社会経済的地位にかんして、少し取り過ぎかと思われるほど有利な状態にあります。そして、多くが安定した家庭を築き、ポジティブな気持ちをもって、リーダーとしての立場をわきまえて向社会的な活動を担っています。

これに続く若年大卒男性は、この先で社会的地位の上昇が見込める位置にいるはずなのですが、結婚して子どもを育てるという家族形成に遅れがみられます。加えて、21世紀の再帰的近代社会を生きる若者に特有の、将来についての不安定な心情も抱いています。彼らは、社会的活動にかならずしも消極的だというわけではないのですが、上の世代の大卒男性と同じように社会を先導していく存在になるのかどうかは、現時点でははっきりとはみえてきません。

壮年大卒女性たちは、社会経済的な地位にかんして選択の自由度が高く、独身キャリア女性から専業主婦まで、多様な人生を歩んでいます。いずれの場合でも、彼女たちの暮らしには比較的ゆとりがあり、そのことが高級消費や文化的活動に積極性を発揮する基盤となっているとみることができます。現代日本は、職業・産業・経済にかんしては、依然として壮年大卒男性がリーダーシップをとっている社会ですが、ライフ局面においては、大卒女性たちの活発さが目立つ社会になっているのです。

続いて若年大卒女性をみると、彼女たちは、職業キャリア、結婚、出産育児などについて、いまだライフコース進行の序盤にあり、同世代の大卒男性の場合と同様に、現時点では、とくに家族形成について未確定な部分があります。

他方、社会の中間あたりに居場所を確保しているのは、20世紀以来の人生の手堅い蓄積がある、壮年非大卒男性と壮年非大卒女性です。現役世代の３割以上を占めるかれらの社会的態度や社会的活動にかんしては、男性のポジティブ感情の低さや健康への配慮の不十分さなど、気になるところはありますが、おおまかにみれば固有の役割を受けもちつつ、社会に向き合っているとみることができます。

そして、分析を進めるうちに姿を現してきたのは、若年非大卒男女がおかれている生活状況の厳しさです。かれらは、経済力、職業、家族関係など多くの面で、他のセグメントに対して数歩の後れをとっており、社会に対する向き合い方も極めて消極的です。

ただし若年非大卒女性は、若年層のなかでは既婚者が最も多く、次世代を産み育てるということにかんして、他の人びとでは担うことのできない重要な貢献をしています。そうしたライフ局面のタスクに追われ、現時点でワーク局面への参画がなおざりになっている女性たちが多いのは、致し方ないといえるでしょう。

彼女たちをめぐっては、「ヤンママ」「シングルマザー」「母子世帯」「女性の貧困」などの言葉で実態が語られることが少なくありません。これにより、彼女たちのなかに貧困と隣り合わせの水準で暮らしている、リスクの大きい社会的弱者が数多く含まれていることを、わたしたちはすでに知っています。それゆえに彼女たちには、行政を中心にさまざまな支援の手が差し伸べられています。

若年非大卒男性の厳しい現実

しかし、若年非大卒男性のほうはどうかといえば、彼らについては、気力や体力があり、自由を謳歌《おうか》している人たちだとみなされていて、その人生・生活に考慮すべき困難があるとは、一般には考えられていません。

けれども実情はそうではありません。なるほど彼らのなかには、多様な趣味や余暇に生きていたり、暇をもてあましていたり、何事にも忍耐力や継続力がなかったり、引きこもっていたりする人たちもいるでしょう。日常的な素行があまりよくない人も、少し目立つような気がします。それでも、社会が彼らに期待しているのは、あくまで産業経済セクター、すなわち仕事の世界で、もてる力を安定的に発揮することです。

その仕事の世界にかんしては、彼らのほとんどはバブル経済後、流動化・不安定化した労働市場に10代のうちに入り、そこで生活の糧《かて》を得てきた生年世代にあたります。現在就いている職種をみると、約半数が、資格や専門的知識を必要としない、販売・サービスや半熟練・非熟練のブルーカラー職従事者です。そこでは、同じ仕事に定着して職業スキルを積んでいく流れをいったん外れると、高卒学歴あるいは中卒学歴を決め手として、履歴書を繰り返し書いて、次の職を得なければならなくなります。

ところが、データ分析の結果からは、職業キャリアがさほど長くないにもかかわらず、彼らの大半が離職や失業をすでに経験しているということがわかります。現在の働き方をみても、無職・非正規率が高く、職場への適応も十分ではありません。同じ仕事に定着して職業スキルを積んでいくことは、今の若年非大卒層では、もはや容易に実現しがたい理想の人生モデルになっているのです。

それでも、彼らのうちの有職者の労働時間は、他の男性たちとおおよそ同じ長さであり、決して手を抜いて生きているわけではないことがわかります。それにもかかわらず、彼らの個人年収は、他の男性たちよりも大幅に低い金額にとどまっているのです。

このような不利な生活条件におかれた彼らの心情は、当然ながら決して明るいものではありません。彼らのポジティブ感情は同世代の大卒層と比べて低く、今の自分の人生を楽しむというコンサマトリーな態度を示しがちです。

労働経済学ですでに指摘されているとおり、以上のことは、彼らに責任があるわけではなく、この20年ほどの日本社会のしくみの問題に他なりません。

政策的支援が少なく、声も上げない若年非大卒男性

加えて、わたしたちが彼らにそれとなく期待し、彼らも望んでいるであろうこととして、同世代の非大卒女性たちを私的にサポートするパートナーであってほしい、ということがあ

ります。けれども、自らの生活の安定もままならない状況では、これを実現することは容易ではありません。

どこの国でも同じなのですが、まず下層の男性たちを支援し、彼らに余裕ができれば下層の女性たちを支えてくれるであろう、というような回りくどいやり方をとるよりも、彼らのことは放っておいて、乳幼児や児童を養育している母親たちへの社会保障を考えるほうが、政策的には無駄がなく即効性があるに決まっています。そもそも、男性が女性の生活を支えるという20世紀の男女関係（男性稼ぎ主モデル）が、もはや支持されていないし、成り立っていないということもあります。それゆえに、若年非大卒男性の生活を向上させる政策的な努力は、雇用対策のほかには、なされることがほとんどないのです。

こうした状況を考えると、彼らはまさに雇用対策、働き方改革、若者支援、子育て支援などの政策的課題の当事者に他なりません。ついでに言えば、日本が国際紛争に巻き込まれたとき、前線に立つ可能性を自分のこととして考えなければならないのも彼らであるはずです。昭和の時代ならば、団結して声を上げているかもしれません。

ところが、データが描き出すのは、政治的な積極性に極めて乏しく、自分たちの利害について発言しよう、運動しよう、投票に参加しようという動きが少なく、ＮＰＯ活動や地域活動にも極めて消極的な若者たちの姿です。

また政治や社会貢献にかぎらず、消費についても海外旅行や海外留学にも消極的で、文化的活動やアカデミズムにも縁遠い状態にあります。おまけに日常的な健康管理も十分ではありません。

要するに、彼らは総じて不利な暮らしを強いられながら、拍子抜けするほどおとなしく、活気と意欲に乏しい若者たちなのです。

以上の点で、現代日本では、若年非大卒男性が切り離されつつある。言い換えれば、彼らとその他の人びとの間に分断がある、と結論づけることができます。

絆の分断

若年非大卒男性がおかれている不利な状況はわかったけれども、それを分断と表現するのは少し言葉が過ぎるのではないか？　そう思った人もいるかもしれません。

ならば、あなたがこの1週間の間に、仕事や私生活で会話を交わしたり、連絡を取ったりした人をすべて思い浮かべてみてください。

そのなかに、非大卒層、とりわけ若年非大卒男性はどれくらいいますか？

あなた自身が大卒者である場合、ほとんどいない、という人がけっこういるのではないでしょうか。そもそも、あなたが日頃、職場や家庭などで接しているのは、「8人」のうち自分と隣り合っている、似通った境遇の人たちばかりではありませんか?

日本社会には、大卒層が半数、非大卒層が半数います。ですから自分と異なる学歴の人と触れ合うことの「期待値」は50%です。もしあなたが大卒層とだけコミュニケーションをとっているのならば、逆に、大卒層とはほとんど交流のない日常を送っている非大卒層が、どこかにきっといるはずなのです。

けれどもわたしたちは、分断線の向こう側にいる人との絆が少ないために、お互いの人生・生活に想いをはせることがありません。

分断社会の特性については、**境界の顕在性**、**成員の固定性**、**集団間関係の隔絶**、**分配の不均等**の4つを挙げました。読者はここまで読み進めてきて、「20〜30代の非大卒の男たち」という社会集団が存在していることが、目にみえるようになっているはずです（**境界の顕在性**）。わたしたちはお互いのメンバーを入れ替えることはできませんし、若年非大卒層の人口比率をただちに変えることもできません（**成員の固定性**）。そして、彼らの人生全般にかんして、富やチャンスの**分配の不均等**があることもはっきりしています。

図6－1　日本社会を支える現役世代の分断

そのうえで、ここで確認したとおり、わたしたちと彼らの間には**集団間関係の隔絶**があるのです。私は、この絆の分断という特性こそが、社会の分断を決定的なものにする要件だと考えます。

図6‐1は、ここまでの考察をもとに、分断社会日本のイメージを描いたものです。「8人」（総計約6025万人）の現役世代は、それぞれの特性に応じた守備位置を分担しつつ、約4000万人の高齢者と、約2200万人の未成年者を支えていかなければなりません。ところが現状では、このうちの「1人」が、十

分に力を発揮できない状態にあるのです。それが若年非大卒男性です。

日本社会は、現役世代のなかで一番長く、大きな力を発揮できそうな、そして最も若くてバイタリティにあふれているはずの人たちを、うまく仲間に取り込めていません。残りの「7人」が社会を支える負荷は、その分だけ大きくなっているのです。

レッグス：軽学歴の男たち——重い大卒学歴を選ばない人生

しかし、この図のような分断社会日本の実像は、多くの人にはみえていません。それは、現代日本社会が、大学に行かずに20歳前後で社会に出た若い男性労働者たちを、直視していないからです。そもそも、わたしたちは彼らを呼ぶ名前をもっていません。名前のないものごとは、可視化することも、問題性を論じることもできません。

現代日本は、学歴分断を言葉にすることをタブーとみなしている社会なのですから、社会集団としての彼らに、固有の呼び名がないのは当然といえば当然かもしれません。考えてみると、「非大卒」というのは、本来望まれる大学進学をしなかった人たち……という消極的な意味しかもたない言葉です。まさに、極めつきの「○○じゃないやつ」なのです。

正直に告白すると、私がそれでもこの言葉を使ってきたのは、高卒学歴をもつ日本人を、

「低学歴」と呼びたくなかったためです。非大卒層の大半を占めているのは、義務教育プラス3年の教育を受けた高卒の人びと、つまり中等教育修了者です。これは、国際的にみるとOECD平均を上回る教育水準ですから、大卒と比べれば教育年数が少ないというだけで、決して低い学歴などではありません。

18歳まで学校で教育を受けた人材を、このように低くみる社会は、歴史上も、世界的にも、現代日本社会以外にはあまり例がないといってもいいでしょう。けれどもこの国には、この人びとに対する、前向きな含意をもつ日本語が見当たらないのです。

本書の調査データ分析においては、とりあえず「若年非大卒男性」という言葉を使ってきました。この7文字が彼らの名前だといえば、そうかもしれません。しかしこれは、生年世代、性別、学歴という3本の分断線によって、システマティックに切り分けられた8つのセグメントの1つについて、分析操作上の定義を示しているにすぎません。ですから、本書の文脈を離れると、ちょっと使いにくい言葉ではないかと思います。この社会集団について、従来の思考を切り替えて、あらためて注目していくためには、何かもっと別の呼び名があってもよさそうです。

ということで、さまざまに考えた末に思い至ったのは、彼らをこれから「レッグス」と呼び、その存在を積極的に言葉にしてみるということです。

レッグス（ＬＥＧｓ）というのは、英語のLightly Educated Guysを略した、まったく新しい言葉です。レッグスは、調査データ分析の結果、深刻な凹みがあることが明らかになった若年非大卒男性というセグメントに対する、「大卒じゃない人びと」でも、「低学歴」でもなく、「軽学歴の男たち」という意味合いを込めた呼び名です。

軽学歴という、そもそも聞きなれない言葉のポイントは、学費と教育年数のかかる大学教育を受けずに社会に出た、彼らの軽やかな人生選択を、「それもありだ」と前向きに考えようということにあります。高卒学歴で社会に出ることは、ブレや迷いさえ生じなければ、大卒学歴よりも軽快な人生を約束する選択肢となりえます。というか、そうであることが必要なのです。

有効性の怪しい大卒学歴に、人生の序盤でお金と時間を費やすのではなく、自分の将来設計に必要十分な知識と技能を手早く身に付け社会に出る——。それが高卒学歴や専門学校修了学歴を選ぶことが本来もっている利点です。翻っていえば、大卒学歴は、金銭的にも時間的にもコストのかかる、「重学歴」だということになります。

ですからたとえば、オートバイの整備工になりたい人が、大学院で機械工学を学ぶのは重すぎますし、雑貨屋さんの開業を夢見ている人が、流通についてMBAコースで学ぶのも重すぎます。すし職人を目指す人が、大学を出て栄養士の資格を取るのも必要のない経路です。また、いったん大学を出てから長距離トラックの運転手になったのでは、学費として自分に投資した分を回収するのは難しいでしょう。職業人になるために必要な手続きである学歴取得について、軽快さが大切だということは理解できるはずです。

ということは、「高い―低い」ではなく、「重い―軽い」という考え方で学歴をみるという可能性があって、事実上そのように判断している人も、日本社会には少なくないということです。それが現代日本のレッグスの主流派なのだと私はみています。そう考えれば、彼らは学歴が低い若者たちではなく、大卒とは別次元の価値を選んだ若者たちだということがみえてくると思います。

その人口は、本書の分析上の定義では約680万人で、現役世代の11・6%、日本の総人口の5・8%を占めています。ただしこれ以降では、レッグスの定義をやや広くとらえ、大卒学歴をもたずに人生を歩んでいる若者たちを、年齢や性別にこだわらず、レッグスに含めて考察していきます。

レッグス（脚）という言葉には、日本社会を下支えしている人たちという含みもあります。

わたしたちが直面している分断とは、日本社会の一割強にあたるこのレッグスたちが、まさに「足切り」されようとしているという問題なのです。本書のページをめくり直す余裕がある読者は、若年非大卒男性というキーワードを、すべてレッグスと置き換えながら、読み返してその実像を再度確認してみてください。

彼らはどこからきて、どこに向かうのか

ここで、現代日本の時代の流れのなかでの、レッグスたちの位置づけを論じ直しておきましょう。そうしなければ、レッグスという言葉は、ことによると、あらぬ方向に向かって一人歩きしかねません。

まず、彼らが世代を超えて再生産される筋道をたどっておきます。

現代日本社会の現役世代の夫婦の内訳は、大卒同類婚が約35％、非大卒同類婚が約35％で、合わせてほぼ7割、夫と妻の学歴が異なる夫婦は全体の約３割にとどまります。学歴の世代間関係をみると、レッグスたちの両親は、８割以上が同じ非大卒、しかもほとんどが非大卒同類婚であり、ここには強い学歴再生産傾向をみることができます。

つまり、レッグスたちは、非大卒同類婚の両親を出自とし、非大卒学歴の世代間継承を経て、

自らも非大卒同類婚をして、その子どもたちも再び非大卒層となる……という家族形成の流れのなかにあるのです。こうした学歴再生産の流れは、大卒層のほうでも同様にみられます。

さらに、現在の親たちの大学進学志向にみられる学歴差（後述）からは、大卒／非大卒再生産構造は、将来的にも継続していくことが予想されます。加えて言えば、大卒世帯よりも非大卒世帯のほうが、次の世代の子ども数が明らかに多いということも、非大卒再生産の近未来におけるボリュームを考える際には頭に入れておくべきことです。

もちろん父母の学歴同質性、親世代からの学歴再生産、自らの配偶者選択、自分たちの子どもの世代の学歴達成のいずれの局面でも、大卒層と非大卒層の入り混じりはみられます。しかし、日本社会では、大卒／非大卒フィフティ・フィフティの比率が固定して、それぞれが社会集団としてはっきりした姿になっています。そのため、大卒／非大卒双方の家族関係の分断と継承というメインストリームが、人びとの目にみえやすいものになりはじめているのです。

この日本の学歴分断構造は、現状ではまだ2～3世代繰り返されたにすぎませんが、他社会における階級集団やエスニシティ集団とよく似た性質をもちはじめているとみることができます。

では、日本社会はいつから、どのような経緯で、レッグスたちを今のような不利な状況に追いやったのでしょうか。これは、過去と現在の調査データを比較することによって知ることができます。そこで、生年世代の構成が、ちょうど「一コマ前」のかたちになっている、１９９５年のデータ（第5回ＳＳＭ調査）と、２０１５年のデータ（ＳＳＭ２０１５）の比較分析を行なってみました。

分析結果からわかるのは、この間に、レッグスの現役世代のなかでの位置づけが、確かに少し凋落しているということです。そのことが端的にわかるのは次の数字です。

１９９５年の個人年収の、現役世代全体の平均額は２９６・９７万円で、若年非大卒男性（レッグス）の年収は３３７・３０万円でした。当時彼らは全体平均を約40万円上回る稼得力をもっていたのです。

ところが、２０１５年には、全体平均がやや増えて３０６・９８万円になっているのに対し、レッグスの年収は、逆に減って３２５・３８万円であり、その差は約18万円に縮小しています。つまり彼らは、よい稼ぎ手から、普通の労働者へと相対的な地位を下げているのです。

もっとも、この20年の間の日本社会の構造変動に、セグメント間の格差の拡大という明確な方向性が見出せるのかといえば、それほど傾向はシンプルではありません。ここではこのことには踏み込まず、別の機会に譲ることにしますが、簡単にいえば、壮年大卒男性が優位に立っていて、若年の非大卒層が不利な条件下にあるという基本構造は、20年前の日本社会でも、今の日本社会でも、おおよそ同じようにみられるのです。社会意識や社会的活動についても、やはり20年前と現在の間に、大きな構造変化が見出されるわけではありません。

ということは、生年世代、性別、学歴によって構成されるアイデンティティの「受け皿」の大きさに違いがあるのは、何も今に始まったことではないのです。

ではなぜ今、レッグスをめぐる分断が、わたしたちの社会にとって深刻な課題となるのでしょうか？

かつての「金の卵」が、その後歩んだ道は

それを考える手がかりとなるのは、次のグラフです。図6‐2は1995年と2015年の8つのセグメントの人口比率をみたものです。グラフからわかるのは、90年代の日本は、現役世代の7割以上が非大卒層という、非大卒中心社会であったということです。

そのなかで、当時の若年非大卒男性（レッグス）は、次代を担う若い労働力として、社会

図6－2　非大卒中心社会から学歴分断社会へ

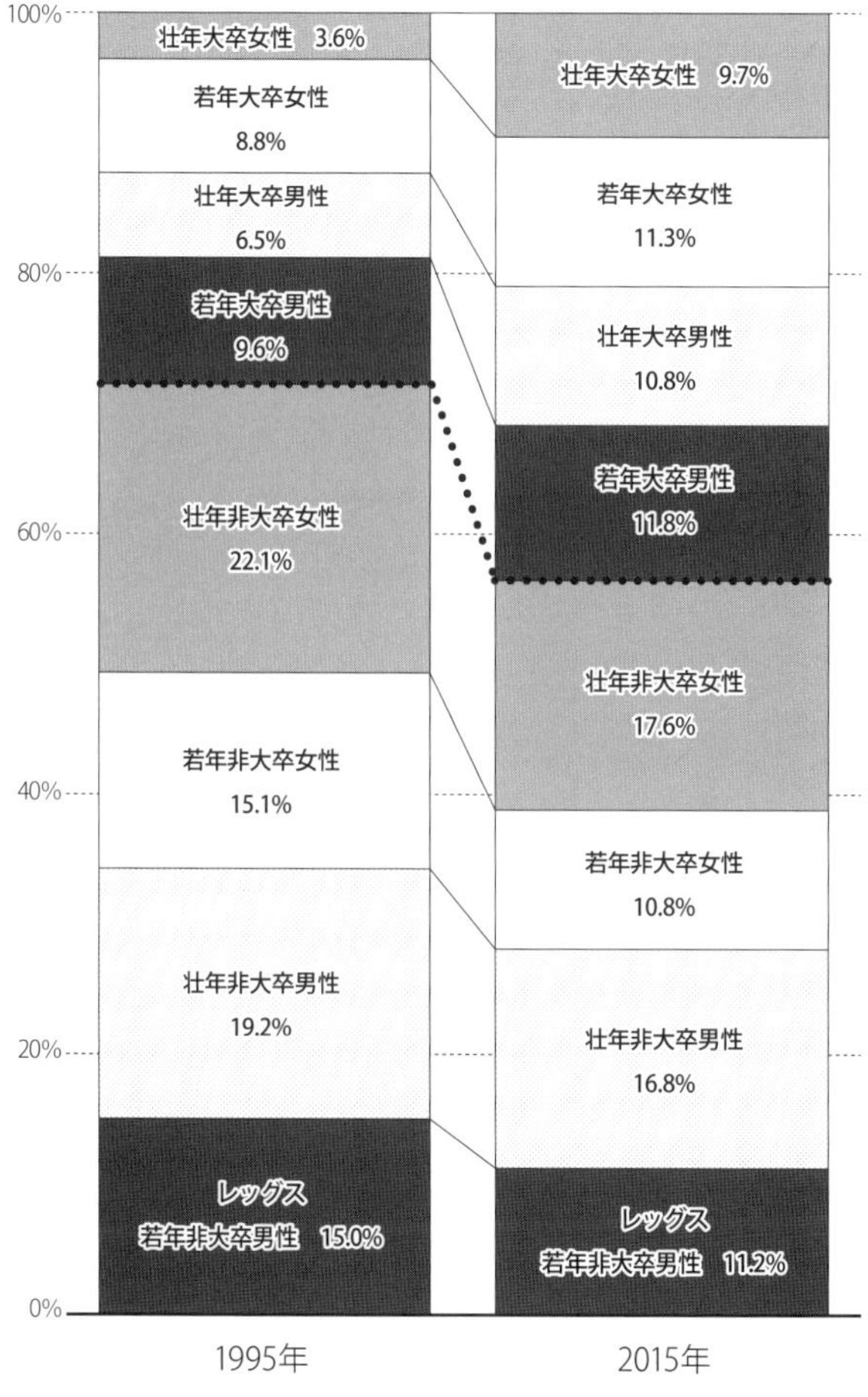

データ：平成7年・平成27年国勢調査

の主要部分に組み込まれていました。高卒で早々と社会に出たかれらの多くは、大卒層に先んじて正規職に就き、職業経験とスキルを身に付け、まずまずの給与を得ることができていたのです。それを基盤にして比較的早くに結婚して家族を作ることもできたでしょうし、マイホームをもつことも夢ではなかったことでしょう。

要するに、その時点ではよい状態になくても、いずれはよい方向に展開するという道を、20世紀近代社会が用意してくれている、と信じることができたのです。それがすなわち、2015年の壮年非大卒男性の若年期です。彼らについて、貢献に見合う居場所を得ている、あるいは落ち着くべきところに落ち着いていると評してきたのは、このような時代背景に鑑《かんが》みてのことです。

これに対し、2015年のグラフは、その後の20年の間に、日本社会が非大卒中心社会から学歴分断社会へと転換していったことを示しています。そして、全体の学歴比率の変化に加え、若年層が少子化世代にかかったことで、現役世代におけるレッグスの比率は、1995年の15・0%から、2015年には11・2%へと、4分の3の相対規模にサイズダウンしています。他方で、この間に、働く女性たちが増え、大卒層の比率も増し、労働市場全体が流動化しました。結果、レッグスたちは、20年前よりも狭く、低く、不安定な位置に追いやられています。

そのため今、彼らは旧タイプの少数労働者という位置づけになっているのです。

では、この先ではどうなっていくのでしょうか。

大学進学率はもう少しだけ伸びることが予想されます。すると、現役世代の最も若いところに参入する若年大卒層の数は少し増え、レッグスの居場所は、さらに狭まっていくと考えられます。

上位の学歴をもつ若い生年世代が参入することによって、年長世代の下位の学歴をもった人びとが、既得の位置を追われるという構図は、今から50年ほど前に日本社会で実際にみられたことです。これも団塊の世代の話になりますが、日本の高度経済成長期には、中学卒業後に集団就職などで都会に出る若者たちは、製造業や建築業のブルーカラー労働力として、若年期にはとても重宝されました。かれらがその当時「金の卵」と呼ばれていたことは、よく知られているとおりです。

しかし、その後に高校進学率が高まると、中卒学歴で社会に出たかれらは、初職から腰を浮かせると、高卒学歴をもつ若い生年世代に、雇用の機会を奪われていくようになりました。

そして時代は流れ、かつて「金の卵」と呼ばれた中卒労働者の少なからぬ数が、今では高齢路上生活者（ホームレス）や、生活保護の対象、もしくは「下流老人」となっているというのがこの話の顛末《てんまつ》です。

軽学歴をもって、先んじて大人の社会に入って、流動的で短期的な労働力需要に応えているレッグスたちの来し方、行く末を思うとき、どうしてもこの先例が頭をよぎります。

日本社会の盲点――行き場を失うレッグスたち

レッグスたちがおかれている現実がわかってくると、彼らへの政策的な支援はいったいどうなっているんだ？　とだれしも思うはずです。ところが、彼らに対する目配りは、なされていないどころか、現在の社会情勢は、逆に彼らを一段と苦しい状況に追い込みかねないものばかりです。

そもそも、所得、雇用、家族構成、健康状態などを基準としたセーフティネットはありますが、「中卒」「高卒」……という学歴に直接言及して、扶助の対象者を絞り込む政策をみることはありません。何度もいうように、この国では学歴によって社会に不均等な状態が生じているという現実を公言するのはタブーだ、とだれもが考えているからです。そのために政府は、根源にある非大卒学歴という人生の「受け皿」の小ささに言及することを避けながら、元来はそこに端を発している諸問題について、対症療法的に埋め合わせをしなければなりません。これはまさに隔靴掻痒《かっかそうよう》です。

それでも、若年非大卒女性については、社会的な弱者という政策上のターゲットと重なりやすいので、扶助や支援の網がなんとかかかっています。たとえば、生活保護の母子加算、所得税負担の軽減、自治体レベルでの女性低所得者支援のサポート、女性の雇用を促進し、就労を支援する制度などが、結果的に若年非大卒女性の不利な生活をカバーしているのです。

しかし、レッグス、つまり働く若年軽学歴男性たちの場合は、自立した生活を問題なく送ることができるとみられていることもあり、自己責任論を振りかざした批判の矛先が向けられることはあっても、社会保障や支援の対象だとみられることはほとんどありません。

もちろん、雇用保険、生活保護などの制度や、地域若者サポートステーションのような、幅の広い社会保障はあります。しかし、あらゆる人を対象としたセーフティネットでは、ひとり「地盤沈下」しているレッグスの相対的な地位の回復は望めません。

ですから、彼らが社会の主要部分から切り離されていくのを食い止めるには、彼らをサポートしようという明確な意図のもとでの政策立案が求められます。ところが、現状ではそうした目配りはまったくみられないのです。

まず、この15年ほどの間、日系企業の国内製造拠点の海外移転の動きに歯止めがかからないことがそうです。トランプ大統領の選挙中の発言ではありませんが、この産業構造の変動が、非大卒層向けのブルーカラー雇用が国内から減っていく結果をもたらしていることは、火をみるよりも明らかです。

また、外国人労働者の受け入れ拡大もそうです。現状では、外国人研修生や技能実習生ではない、労働者としての受け入れは、専門的・技術的分野の高度人材のみに制限されています。これは、レッグスたちを守る数少ない政策的配慮だということができます。けれども今、製造、運輸、サービス業などの分野における局所的な労働力不足を背景に、外国人労働者の受け入れ基準の緩和が検討されています。

これは、非大卒層の半数以上が従事しているような、特定の資格や高い技術を必要としないフルタイムの仕事に、彼らと競合する労働力である、若く教育水準が低い外国人が供給されるということです。そしてニューカマーたちは、おそらく安い賃金を受け入れ、長時間勤務も苦にしないでしょう。そうなると、レッグスたちの雇用は、一段と圧迫されることになります。これこそが欧米社会で実際に起こっている状況に他なりません。

レッグスは、わたしたちの社会がニーズに合わせて自前で育成した労働力です。しかも、彼らが世界の労働市場に目を向け、日本を出ていく志向性をもっているかといえば、そういうことにはたいへん消極的だということが、第５章の分析によって明らかになっています。ニューカマーの受け入れを考えるときには、まずレッグスという「われらの子ども」、オールドステイヤーたちの処遇に、落としどころを確保しておかなければなりません。

同じことは、女性人材の一層の活用、機械やロボットによる労働の代替という、政府が奨励している政策が、レッグスに与える影響についてもいえます。このなかで、人工知能（ＡＩ）の利用については、大卒ホワイトカラー層の雇用を奪う可能性も指摘されていますが、そうして閉め出された大卒層が、ブルーカラー労働市場に流入してくることになれば、そこにしか居場所をもたないレッグスの雇用は、やはり圧迫されることになります。同じ若年男性の間で、最終学歴を切り札として職を奪い合うようになれば、レッグスに勝ち目はありません。

近年雇用が増えているのは、ホームヘルパー、介護サービスなどの福祉関連の仕事ですが、これは圧倒的に（非大卒）女性比率の高い仕事で（８割以上といわれています）、レッグスたちは、ここにはうまく食い込めていません。

社会的ニーズが高いもうひとつの領域は、保育・幼児教育ですが、教育大国日本は、お年寄りの世話は非大卒層に任せても、子どもと接する職には、短大以上、すなわち本書でいう大卒学歴（もしくは国家資格）をもっていることを求める社会です。しかも、これらは長く女子適職とみられてきた仕事ですので、レッグスからは手を伸ばしにくいところにある職だということになります。周知のとおり、医療・看護の専門職の多くも、これらと同じような状況です。

そもそもの問題の根源を突き詰めるならば、これは、モノを作らなくなった日本社会が、そのための「メンバー」として育成したレッグスを、もてあまし気味だということです。このような据わりの悪い状態にあって、ここで列挙した、企業の製造拠点のさらなる海外移転、外国人労働者や女性人材をめぐる政策変更、生産技術革新といった変化が起きれば、「逃げ場」をもたないレッグスたちは、大卒男性や女性たちよりも先に不利益を被ることになります。

よって、彼らのことを考慮することなく、政策を進めたり、産業経済の構造変革を進めたりすると、知らずしらずのうちに、レッグスだけが狙い撃ちされる結果になるのです。

大卒層だけをみている社会

ところで、今の政権が次世代の支援のために最も力を入れようとしているのは、大学の学費の私的負担の軽減です。これは、学費負担が大学生やその親たちに重くのしかかっている、家計が豊かではないために、大学進学を断念せざるをえない若者が数多くいる、という問題認識のうえに検討されはじめた政策です。

あまり議論されることがないのですが、そもそもこの政策の背後には、大学進学こそが、望ましい人生を歩むための唯一の経路だ、という大卒学歴至上主義の価値観があります。官僚も政治家も学識経験者も、ほとんどが一流大学卒ですから、政策を考える場合には、あらゆる高校生とその保護者が大学進学を望んでいる、という前提を疑うことはありません。

そしてなぜか、貧しい家庭ほど、大学進学による立身出世を熱望している、とも信じられているようです。他方では、すべての18歳が大学に行けるのが理想の社会だ、と考えられているようにもみえます。

しかし、現代日本社会の構造や社会意識を調べてみると、これらはことごとく間違っていることがわかります。すべての日本人が大学進学を望んでいるわけではありませんし、社会経済的地位の低い人のほうが大学教育を強く求めているということもありません。それゆえに、大学の学費軽減でだれもがみな大学に行くようになることはありえないのです。

正しくは、日本には非大卒の人生を、確信をもって進んでいる人たちが一定数いる。そのため、非大卒再生産の流れはこの先も維持される。結果として「大学全入」には至らず、20歳までに社会に出るレッグスは労働市場に供給され続ける、というのが近未来の日本のありうべきシナリオです。

図6-3は、現役世代のうち、子どもをもつ対象者に絞り、学歴別に大学進学志向の回答分布をみたものです（SSP2015）。第5章でもみた項目ですが、ここでは、「子どもには、大学以上の学歴をつけさせたほうがよい」という意見に対する、4カテゴリによる賛否を詳しく確認しています。

まず、大学進学に肯定的、つまり「そう思う」＋「ややそう思う」という回答は、全体ではおよそ66％にとどまっていて、親たちの大学進学「希望」の天井が、100％には程遠いところにあるということがわかります。

この比率から大胆に予測するならば、20〜40年後の日本の現役世代の学歴分布は、大卒／非大卒が2対1前後ということになります。ほとんどすべての日本人が、22歳頃まで社会に出ないで大学に通い続ける大学全入社会は、当面は到来しそうにありません。

さらにこのグラフは、大学進学志向には、親の学歴によってかなりの温度差があることを明らかにしています。大卒学歴をもつ親の大学進学肯定回答は、「そう思う」と「ややそう

図6－3　学歴による大学進学志向の異なり

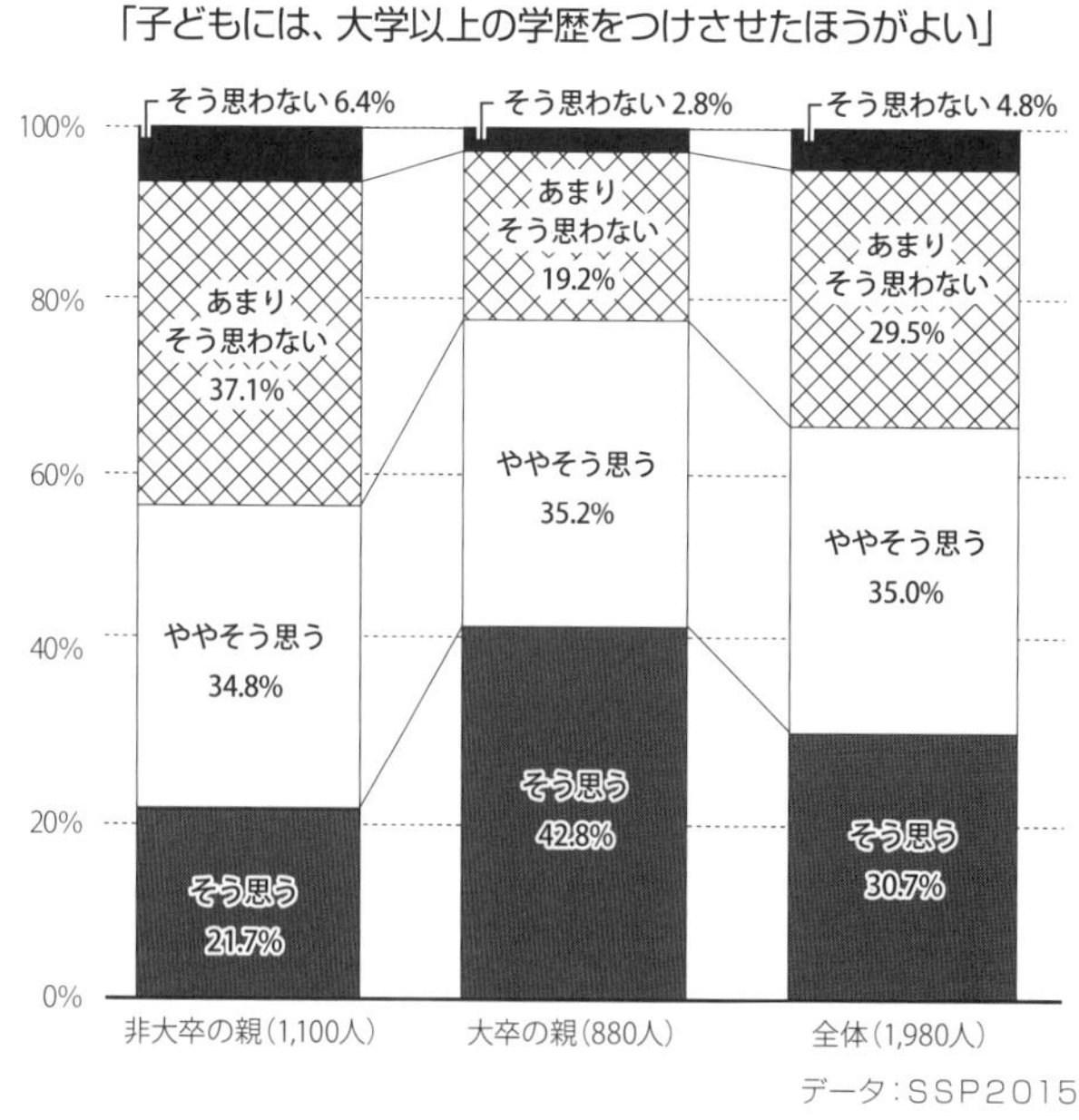

データ：SSP2015

思う」を合計すると78・0％ですが、非大卒の親では、20ポイント以上低い56・5％にとどまっているのです。学歴分断社会では、自分が大学以上の学歴をもっていれば、子どもを大学に行かせたいと望むのですが、自分が非大卒である場合、子どもの大学進学を強くは希望しない傾向があります。これは学歴下降回避と呼ばれているメカニズムです（吉川 2009）。

以上から、ここでは大卒再生産（および非大卒再生産）

をメインストリームとする、学歴分断社会の継続を前提に、昨今いわれている大学の学費の私的負担の軽減政策について考えてみます。

そもそもこの政策は、大学に行かずに社会に出ようという明確な意思をもっている若者や、子どもを大学進学させたいと考えていない親たちには、一切メリットがありません。直接の恩恵を受けるのは、大学進学者と、子どもを大学に行かせたいと思っている親たちだけなのです。

それは、すべての国民でも、子どものいる世帯すべてでもなく、大学進学をさせる6割ほどに限られるのです。なぜ6割だといえるのか？　と思うかもしれませんが、それはそもそも、国内の高等教育機関の入学定員が、現状では18歳人口の6割ほどしか用意されていないからです。

そして、子どもを大学に進学させたいと望んでいるのは、多くが大卒学歴をもつ親たちですから、この政策は、大卒再生産の流れのなかにある家族には、大きな支援となるでしょう。しかし、非大卒再生産の流れのなかにある家族からみれば、我が子を高卒就職や専門学校進学させると、国からは一銭のサポートもないということで、税金の「取られ損」になります。

大学学費無償化論者は、かならずしも生活が楽ではない非大卒夫婦が、「うちの子は高卒就職しましたが、大学を出て社会を引っ張ってくれるよその若い子を応援しますよ！」と笑顔で申し出るとでも考えているのでしょうか。

しかも大学進学の障壁が取り払われると、若年大卒層が増えて、非大卒層の相対的な地位はますます凋落していきますから、レッグスたちがちゃんと政治について考えれば、これは納得のいかない政策だと、ただちに気付くと思われます。

蛇足になりますが、今の政権は、消費税率引き上げによる税収の増分を、教育費の公的負担に充当することを選挙公約としました。その後、このことによる財源の不足分を補うために、たばこ税増税を決めました。何気ないことのようですが、これは喫煙率の高いレッグスたちが、大学生の授業料の一部を肩代わりするという、おかしなめぐりあわせであるように私にはみえます。

本書の分析結果に基づいて考えるならば、社会の不均等を是正するためには、逆に、勝ち過ぎている壮年大卒層から得た所得税によって、社会のボトムを支えてくれているレッグスや非大卒女子をサポートする政策を進めるべきだろう！　と私は強く思います。

少なくとも、同年人口のおよそ半数の大学進学者の学費を公的にサポートするのならば、20歳前後で社会人として働いているレッグスたちの雇用対策にも、同じ規模の財政出動をしなければならないはずです。いったん社会に出ると、大卒層のほうが先々で何かと有利な人生を歩むわけですから、大学の学費の私的負担軽減よりは、20歳前後の不安定な時期のレッグスたちの職業生活を公的にサポートすることのほうが、優先課題であるべきです。

つまるところ、現代日本社会は「大卒層だけをみている社会」なのだということです。

上層への利益誘導を考えすぎることが、分断社会の問題を深刻にするということは、どこの社会でも、多言を要さない事実です。バランスを欠くことがないようにするには、わたしたちは常にレッグスという言葉を片手にもって、社会のしくみの調整を考えていかなければなりません。

レッグスは日本の宝

彼らは日本社会にとってそんなに有用なのか？　とまだ疑問をもっている読者もいると思います。しかし日本社会は、今レッグスを切り離すと、大きな代償を払わなければならなくなります。

たとえば、地方の消滅が危惧されるなか、地域のコミュニティを支えている主力は（壮年の）非大卒層です。地方に限ったことではありませんが、不十分な雇用条件で高齢者介護などの仕事を受けもってくれているのも、8割以上が非大卒層です（女性が多いのですが）。

地方社会では、現役世代のだれかが近隣に住んでいなければ、高齢者だけでは生活は存続しません。多くの大卒層は、そうした状況を顧みることなく、都市部で仕事に傾注し、豊かで安定した個人生活を営むことができています。しかしそれは、非大卒層が、自分たちが足を運ぶことのない地域のコミュニティや国土を、黙々と守ってくれているからです。そしてレッグスは、この先でこの役割を受け継いでいく主力であるはずです。

地元の高校を卒業して地方に残っているレッグスたちについては、日本社会で最も必要とされる役割を担ってくれるという意味で、「現代の金の卵」と呼んでもいいかもしれません。

社会経済的地位にかんしても、レッグスをはじめとする非大卒層は、ブルーカラーやサービス業のうちで、大卒層がやりたがらない、あるいはとても従事できないような仕事を受けもち、社会全体の分業体制を維持してくれています。彼らの実働がなければ、たとえばエアコンなどの機材の設置、機械や自動車の修理やメンテナンス、道路や建物の建設、迅速な荷物の輸送、便利で上質な外食や小売りやサービスは維持できません。

3Kといわれるような条件の良くない雇用、低賃金による生活困窮のリスク、雇用喪失のリスクなどを一手に背負ってくれているのも、やはりレッグスたちなのです。かれらがいるおかげで、「ガラスの床」の上にいる大卒層のほうは、不安を抱くことなく、自由な働き方の選択ができるのです。

これも何度も繰り返してきたとおり、少子化問題についても、若年大卒男女が晩婚化、非婚化傾向にあるなか、早く結婚して子どもを産み育てることで、少子化の進行を鈍らせる働きをしているのは若年非大卒女性です。彼女たちがバランスを取る動きがなければ、日本の少子化はもっと急速で深刻になっていたはずです。その彼女たちを私的にサポートし、エスコートする役割を担ってくれている（はずの）男性たちの主力が、レッグスなのです。

非大卒層の日本社会への貢献は他にもあります。

図6－4はOECD加盟国（データは29カ国）における労働力の質をみたものです。指標は成人力調査（PIAAC調査）において、読解力と数的思考力が低得点である人が、労働力のなかに占める比率です。

これをみると、日本は、スキルの低い労働者が占める比率が最も低い社会であるということがわかります。

具体的にいえば、すべての国内労働者のうち、読解力あるいは数的思考力が一定水準に達しない労働者が、わずか8・5％しかいないのです。これはアメリカやOECD平均の三分

図6－4　低スキル労働者が少ない日本社会

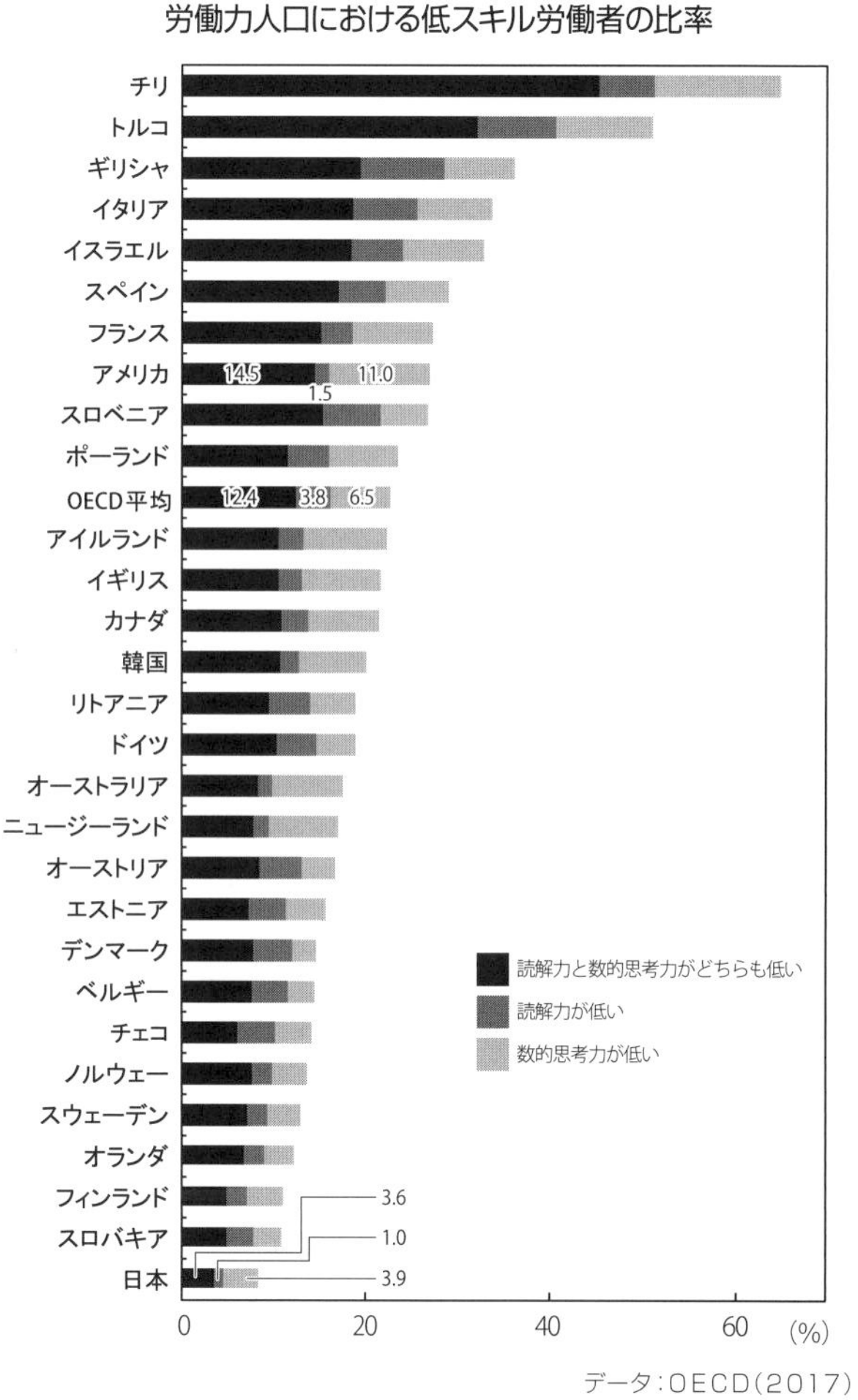

の一程度という驚くべき少なさです。

世界に知られているこの事実は、日本の労働力、ひいてはわたしたちの社会生活の最低水準が、他のどの社会よりも高いところにあるということを意味しており、これこそが日本社会の隠れた強みの一つなのです。そして、この社会のボトムの高さをもたらしているのは、いうまでもなく学校教育です。日本では、ほとんどすべてのティーンエイジャーが、義務教育の9年を超えて、さらに3年高校に行くのはあたりまえのことだとみなしています。

生活をしていくのに最低限の所得のことを、ベーシック・インカムといいますが、日本社会で暮らしていくのに最低限の教育水準は、これになぞらえて、ベーシック・エデュケーションと呼べると思います。その水準は、義務教育の9年ではなく、高校卒業の12年であり、そこでは、脱落者の少ない質の高い教育が展開されているのです。

実際に、日本の小中学生の学力水準は、トップではないにしても、毎年世界の上位にランクされています。このように質の高い学校教育を半世紀以上維持してきたため、このグラフからわかるとおり、現役世代全体の成人力が他社会よりも高くなっているのです。

この底堅いベーシック・エデュケーションがあるからこそ、日本社会の生活の質は極めて高い水準にあり、安全で安心で機能的で便利な社会を実現できているのです。

具体的には、コンビニやスーパーなどでのレジの会計、あるいは公共施設での窓口対応などが正確迅速で、長い行列や不親切によるストレスがないこと、電車やバスなどの公共交通機関が遅延なく正確に動くのが当たり前になっていること、広告や看板がアルファベット表記になっていても、読めなくて困る人がほとんどいないこと、治安や衛生状態のよさ、交通ルールやマナー遵守が徹底していることなど、枚挙にいとまがありません。日本が世界各国からのインバウンド旅行者から、魅力的な訪問先だという高評価を受けているのも、このように社会のボトムが高いからに他なりません。

これらについては、間違っても大卒層の貢献によるものだと勘違いしてはなりません。ここで述べてきたとおり、いずれも非大卒層の質の高さによって駆動している社会のしくみなのです。思えば高度経済成長期以来、日本の国際的な強みは、大卒層の数が多いことでも、上層エリートの質が高いことでもありませんでした。国際的な評価を勝ち得たのは、質の高い非大卒層が挙げてきた地道な「手柄」ばかりなのです。

この点で、社会の半分を支える非大卒層こそが日本社会の宝なのであり、レッグスはその「嫡出子」だといえます。ところがわたしたちは今、この日本社会の宝を、分断によって切り捨てようとしているのです。

もう一人の自分がそこにいる

大卒層の読者のなかには、レッグスは、自分たちと同じ「学歴ゲーム」をして、それに敗れた人たちであり、彼らの生活が苦しいのは自業自得だと考えている人がいるかもしれません。それは違います。

レッグスは、10代の頃から、大卒層のあなたとは違う道を歩んでいる人たちであり、あなたの生活を脅《おびや》かしてはいません。彼らはライバルというよりは、同じチームの別ポジションのレギュラーメンバーなのです。

大卒層と非大卒層は、各世代にちょうど半数ずつの比率で存在していて、異なる役割を受けもっているのですから、飛行機の両翼のようなものです。片方だけ、つまり大卒側だけが一方的に得をしてしまうと、日本社会はまっすぐに飛ぶことができなくなります。

わたしたちが目指すべきことは、日本社会という飛行機の右の翼と左の翼に、同じような浮力（メリット）と空気抵抗（デメリット）を与え、うまくバランスを保つことです。

日本の教育システムは、アメリカや韓国などと同様に「単線型」ですから、わたしたちは、大卒学歴が高卒学歴の上に積み上げられることを当たり前のように感じています。これは仕方がないことです。

しかし、イギリス、スウェーデン、オランダ、ドイツ、アイルランド、イタリアなどのヨーロッパに目を転じると、これらの社会では、職業技能の教育に特化した学校教育の道筋と、日本の大学に相当するアカデミックな学校教育の道筋が並立していて、ある学年段階から後の学歴は、教育年数の長短ではなく、学校の質の違いを意味するように変わっていきます。

もしも可能であるならば、これらの社会に倣《なら》って、大卒層と非大卒層を、右の翼と左の翼のように対等な関係だとみたいのですが、それはさすがに無理かもしれません。ならばせめて、軽学歴と重学歴、切り離すことのできない脚部（レッグス）と胴体部（ボディ）の関係なのだとみたいものです。

あちら側を受け持っているのは、他のだれかではなく、自分と同じ能力をもったもう一人の自分だ、もしかしたら自分があちら側にいたかもしれない、と考えてみるのです。

「たすきがけ」の相互理解

では、分断社会日本について、わたしたちはこれから具体的にどういう動きをするように努めればいいのでしょうか。

残念ながら、レッグスがおかれている現状について、ただちに大幅な修正を加えることはできません。学歴分断線の顕在性と、成員の固定性は動かしがたいからです。分配の不平等については、政策的な対応が求められますが、そもそも学歴は正規の「格差生成装置」なので、社会経済的地位の学歴差がなくなることはありません。

となると、わたしたちが日常的に取り組むことができるのは、大卒／非大卒の関係の隔絶をなくすことです。チームを強くするには、現役世代の「8人」は、お互いの守備位置を確認しつつ、声を掛け合いながら連携し、フォローし合わなければなりません。

図6‐5を用いてこのことを考えてみましょう。ここには「8人」の構成員が図示されています。このうち隣り合う男女セグメントは、配偶関係をはじめ、きょうだい関係、友人関係や職場の関係などで、交流が活発であり、すでに相互に理解し、信頼し合っているとみることができます。よってそれぞれをセットだと考えれば、若年非大卒、若年大卒、壮年非大卒、壮年大卒という4つのカテゴリとなります。

さらにこのうち若年層同士、壮年層同士は、同じ世代を構成するメンバーです。生年世代は一生入れ替わることのない集団ですから、保育園・幼稚園から中学校という同窓関係、職場、地域活動や住民自治会、PTA活動などで接する機会は少なくありません。また、大卒

図6－5　「たすきがけ」の相互理解とつながり

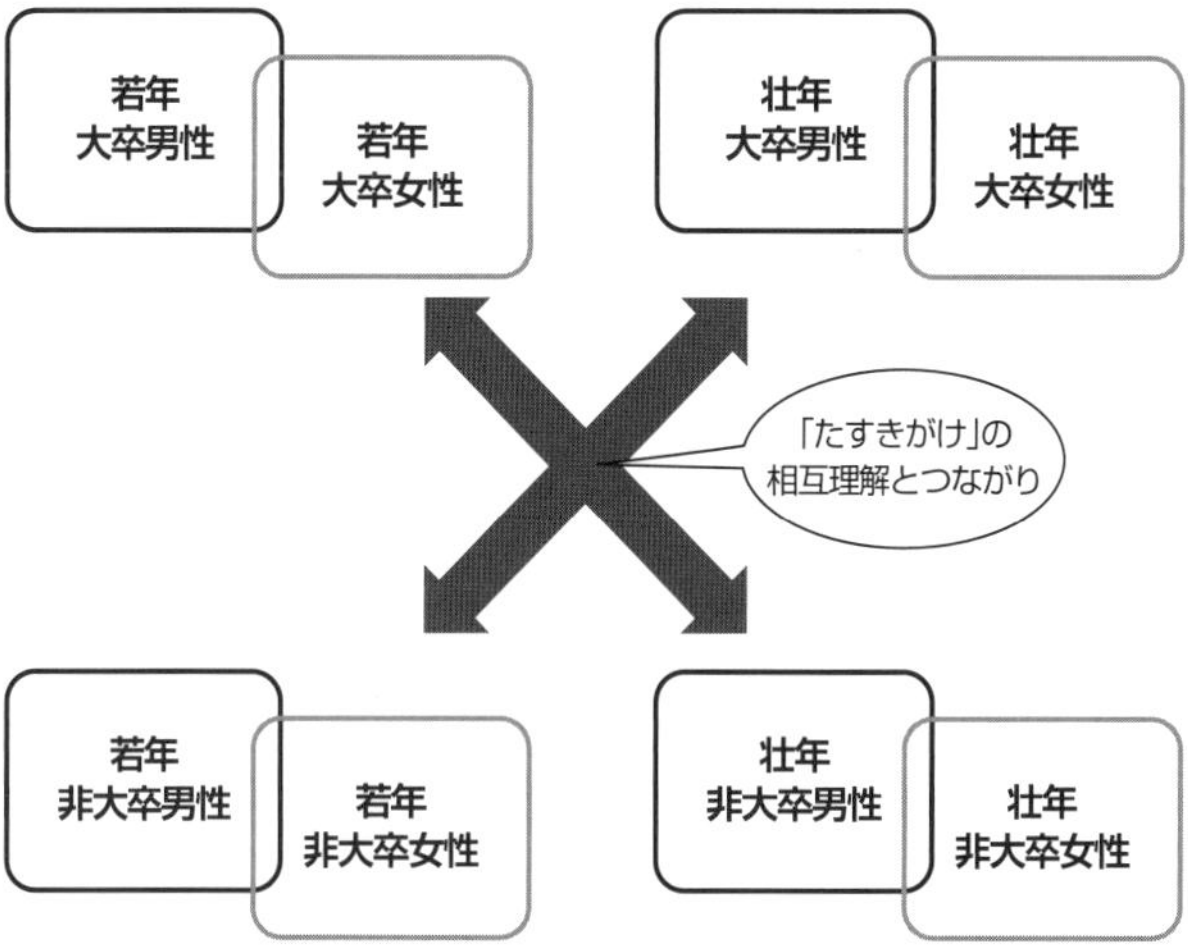

層同士、非大卒層同士というのも、同じ職場の上司／部下のような立場で接する機会があると思います。

これらはいわば「隣人関係」ですから、お互いをまったく知らないということはありません。少しのすれ違いはあっても、日常的に少しだけ目配りと気配りをすることで、容易に相互理解に至ることができるのではないかと思います。

しかし、生年世代や性別が異なるうえに、学歴までも異なる人たちとなると、日常生活で交流する機会は大幅に少なくなります。すると、お互いに何を考え、どのように暮らしているのかを知ることはなく、そもそも出会わないということになります。

何度も繰り返してきたように、現役世代は「8人」で一つのチームです。自分と同じチームで、同じように社会を支えているメンバーの特性を知らず、頼ってもいないというのはおかしなことです。よって、わたしたちが取り組むべきことは、「たすきがけ」のかたちで、セグメントを越えた理解と交流をすることだと思います。

丸の内で外資系企業に勤める大卒女性には、たとえば奥能登や南紀などで、地方のコミュニティを守っているブルーカラー職の50代の非大卒男性の日々の暮らしを知っていることが望まれます。地方の高齢者介護施設で働く若年非大卒女性と、都会で大企業の部長を務める壮年大卒男性も、同じ社会の構成員としてつながっているという思いをもつことが望まれます。

そして、生活の自由度が高い壮年大卒女性は、本書で焦点を当ててきたレッグスが日本社会の重要な「レギュラーメンバー」であるということを理解して、彼らとの共生を心がけることができないものでしょうか。

こうして具体例を挙げていくと、私が提唱していることが、いかに据わりの悪いマッチングであるかをあらためて思い知ることになります。「かれらと交流し、手助けするくらいならば、外国人労働力に頼ったほうがましだ」という思い切った判断もありうるかもしれません。

しかし、わたしたちの現役世代が、交代要員がいないまま引き続き日本社会を支えていくのだとすれば、「チーム」内の無理解とつながりの隔絶は、絶対に避けなければなりません。だれもが「たすきがけ」の関係を意識していれば、社会の分断は起こらないと断言してもいいでしょう。こうして分断社会が緩和されたところに、新たな共生社会の展望がみえてくるということになります。

努力主義は失われていない

最後にひとつ、現代日本のレッグスの、とっておきの長所を紹介しておきます。それは、彼らが保持している実直な努力主義のエートス（信念）です。

図6‐6は、「大きな資産をもてるようになるかどうかは、本人の努力次第だ」という意見に対する「そう思う」から「そう思わない」までの5件法による回答を偏差値得点化したものを、努力主義の指標として、8つのセグメントごとの得点をみたものです。

ここでわかるのは、若年非大卒男性（レッグス）の53・13点は、他の「7人」を引き離した最高得点だということです。ちなみに、女性は男性よりも運命主義的で、資産形成は自分の努力次第だ、という意見に、最も否定的なのは壮年大卒女性です。

図6－6　努力主義のセグメント間比較

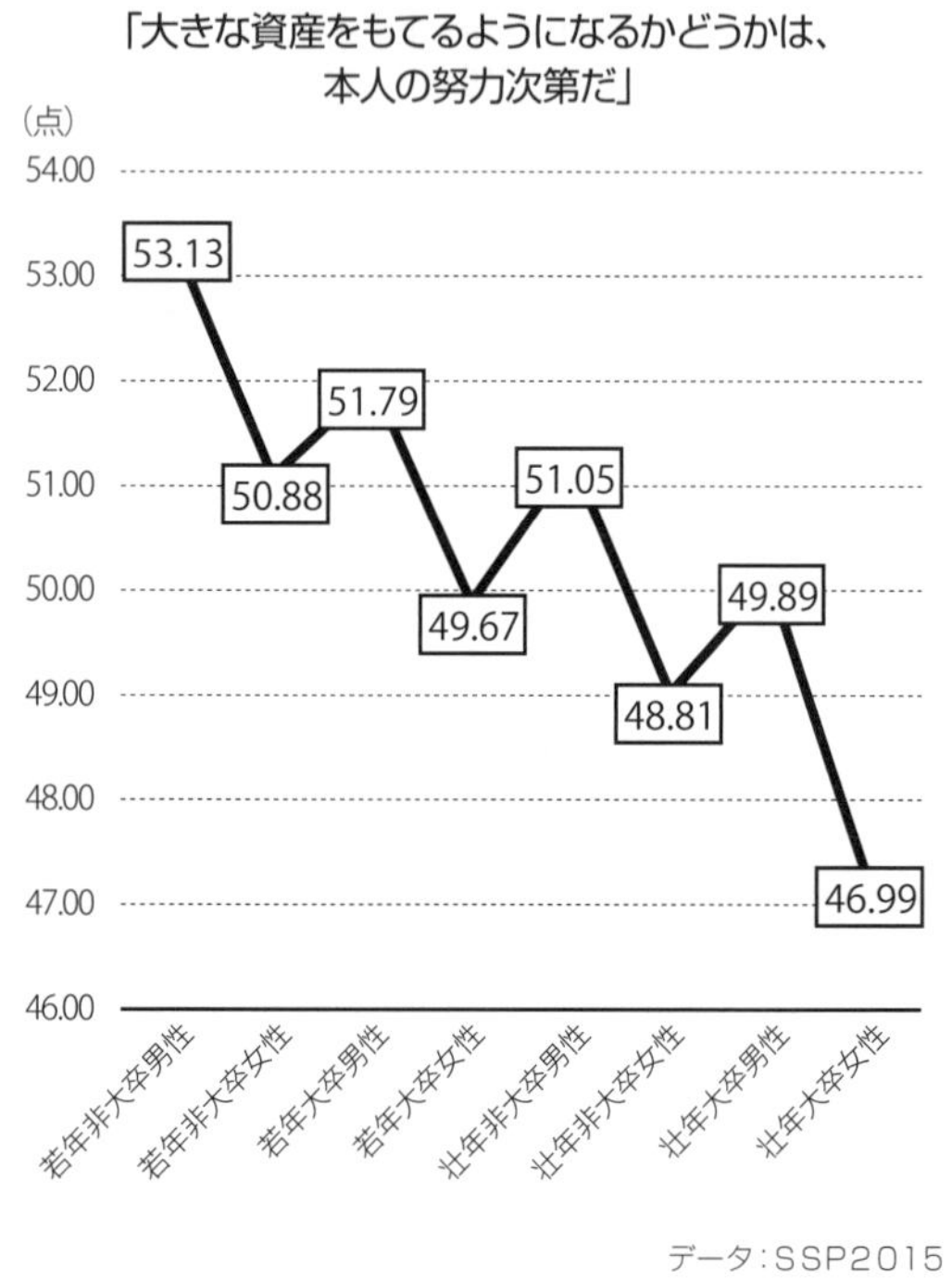

レッグスは、不利な社会経済的地位におかれながらも、自分にはどうしようもない社会のしくみによって資産格差が生じているとか、努力しないで資産を形成している人がいるというようには認識しておらず、自分の努力によってこの先の人生で大きな資産を得ることができるという、資本主義の社会を生き抜くための基本的エートスを、だれよりも強くもっているのです。

社会の主要部分から徐々に切り離されつつあるレッグスたちが、努力次第でなんとかなる、という思いをなおももち続けている――。

このことは、現代日本社会が、まだ他社会のような本当の分断社会に至っていないことを示しています。切り離されようとしている社会集団に、「自分の力では、もうどうしようもない……」「あいつらのせいで……」という、あきらめや敵愾心《てきがいしん》が一切窺《うかが》えないからです。

けれどもこの先で、レッグスの社会経済的地位のさらなる不安定化、知らずしらずのうちに彼らを圧迫する無慈悲な政策、他のメンバーからの思いやりの欠如などが続けば、やがて彼らのこの気持ちは崩れてしまうでしょう。そのとき日本社会は、現代アメリカのような本格的な分断に直面することになります。しかし、今から取り組めば、わたしたちは彼らの心が折れてしまう前に、近未来の社会の軌道修正をすることが可能です。

本書を閉じたら、「8人」の現役世代のプロフィール、とりわけレッグスの人生・生活を思いつつ、街に出て日本社会をあらためて見渡してみてください。昨日まで何気なくすれ違っていた人びとが、少し違った印象でみえてくるはずです。

あとがき

日本料理の板前さんの仕事について、じつはよく知らないのですが、自分なりのイメージはこうです。鮮度のよい上質の食材を、自分の目利きで仕入れてきて、手際よく包丁を入れる。素材の味を生かしつつシンプルに盛り付け、手早くお客さんに出す。

私は、社会調査の計量分析について説明するとき、決まって買い物と料理のたとえを使います。社会調査を精密に設計し、現代日本社会から鮮度のよい上質のデータを得るのは、食材の調達とよく似たプロセスです。他方、得られたデータの計量分析は、さしずめ「解析」料理といったところです。

一般家庭の場合なら、食材の買い出しをした人の心積もりと、料理する人のアイデアと技量がうまく一致していないと、無駄なく美味しい料理はできません。それと同じように、調査を実施した人が、手際よく調理して、狙いどおりに素材の味を引き出す、というのが私にとっての調査計量の社会学のひとつの理想像でした。

そんな私の目の前に、獲《と》れたての国産黒マグロか、天然物の寒ブリかというような大物が、2本並べられている――。SSM2015とSSP2015という2つの大調査のことです。それを手際よくさばき、柵取《さくど》りして、「ここが大トロ、このあたりは中トロ……」と言いながら料理していく、というのが本書の構想でした。

もちろん、これらの調査データには、まだたくさんの脂ののった「部位」がありますので、それを使った本格的な研究成果がこの先次々に出てくると思います。引き続き期待していただければ幸いです。

あまり筆が早いほうではない私にとって、単著の執筆はいつも、楽しくも苦しい仕事です。限られた時間のなかで、精根尽き果てるまで集中し、削り出すようにして文章を書くのですが、今回は食材の鮮度が落ちないうちに、流れのよい日本語を添えて出さなければなりませんでしたので、とくに苦労しました。

本書はまったくの書き下ろしなのですが、そういう事情から、この1年余りの私の授業、講演、学会報告、研究会、対談、論文指導や日常会話などでは、本書の議論の端々を、少なからぬ方々に聞いていただき、コメントやヒントや励ましをいただきました。お名前は挙げきれませんが、そうしたすべての方のご協力に御礼を申し上げます。なかでも、タイミングよく、質の高いコミュニケーションで執筆をサポートしてくださった、光文社新書編集部の草薙麻友子さんには深く感謝しています。

２０１８年２月　　著者

【文献】

天野郁夫（1992）『学歴の社会史』新潮社
浅野智彦（2016）「はしがき」川崎賢一・浅野智彦編『〈若者〉の溶解』勁草書房（i-xi）
Bauman, Zygmunt, 2001, *The Individualized Society*, Polity Press.（澤井敦・菅野博史・鈴木智之訳〔2008〕『個人化社会』青弓社）
Beck, Ulrich and Beck-Gernsheim, Elisabeth, 2002, *Individualization*, Sage.
ブレイディみかこ（2017）『労働者階級の反乱——地べたから見た英国EU離脱』光文社新書
Erikson, Erik H., 1968, *Identity: youth and crisis*, Norton.（中島由恵訳〔2017〕『アイデンティティ——青年と危機』新曜社）
Fromm, Erich, 1980, *Arbeiter und Angestellte am Vorabend des Dritten Reiches*, Deutsche Verlags-Anstalt.（佐野哲郎・佐野五郎訳〔1991〕『ワイマールからヒトラーへ——第二次大戦前のドイツの労働者とホワイトカラー』紀伊國屋書店）
福澤諭吉（1942）『学問のすゝめ』岩波文庫
古市憲寿（2011）『絶望の国の幸福な若者たち』講談社
玄田有史（2001）『仕事のなかの曖昧な不安——揺れる若年の現在』中央公論新社
Giddens, Anthony, 1990, *The Consequences of Modernity*, Polity Press.（松尾精文・小幡正敏訳〔1993〕『近代とはいかなる時代か？——モダニティの帰結』而立書房）
Giddens, Anthony, 1991, *Modernity and Self-Identity: Self and Society in the Late Modern Age*, Blackwell Publishing.（秋吉美都・安藤太郎・筒井淳也訳〔2005〕『モダニティと自己アイデンティティ——後期

近代における自己と社会』ハーベスト社）
原田曜平（2013）『さとり世代』角川書店
原田曜平（2014）『ヤンキー経済』幻冬舎新書
狭間諒多朗（2017）「現在志向が若年層のおとなしさに与える影響――政治委任意識と格差肯定意識に注目して」『ソシオロジ』（62〔1〕79-95）
本田由紀（2008）『「家庭教育」の隘路――子育てに強迫される母親たち』勁草書房
朴澤泰男（2016）『高等教育機会の地域格差――地方における高校生の大学進学行動』東信堂
Inglehart, Ronald, 1990, *Culture Shift in Advanced Industrial Society*, Princeton University Press.（村山皓・富沢克・武重雅文訳〔1993〕『カルチャーシフトと政治変動』東洋経済新報社）
吉川徹（2001）『学歴社会のローカル・トラック――地方からの大学進学』世界思想社
吉川徹（2009）『学歴分断社会』ちくま新書
吉川徹（2014）『現代日本の「社会の心」――計量社会意識論』有斐閣
吉川徹・浅野智彦（2017）「〈溶解〉する『社会の心』をいかに捉えるか」『現代思想』（２０１７年３月号特集＝社会学の未来）青土社（140-161）
Liebow, Elliot, 1967, *Tally's Corner: A Study of Negro Streetcorner Men*, Little, Brown and Co., 1967.（吉川徹監訳〔2001〕『タリーズコーナー――黒人下層階級のエスノグラフィ』東信堂）
増田寛也編著（2014）『地方消滅』中公新書
水無田気流（2015）『「居場所」のない男、「時間」がない女』日本経済新聞出版社
宮台真司（1994）『制服少女たちの選択』講談社

【文献】

宮台真司（1997a）『まぼろしの郊外――成熟社会を生きる若者たちの行方』朝日新聞社

宮台真司（1997b）『世紀末の作法――終ワリナキ日常ヲ生キル知恵』メディアファクトリー

Putnam,Robert D., 2016, *Our Kids: The American Dream in Crisis, Simon and Schuster*（柴内康文訳〔2017〕『われらの子ども――米国における機会格差の拡大』創元社）

数土直紀編著（2018）『格差社会のなかの自己イメージ』勁草書房

竹内洋（1995）『日本のメリトクラシー――構造と心性』東京大学出版会

筒井淳也（2016）『結婚と家族のこれから』光文社新書

Marmot, Michael, 2015, *The Health Gap: The Challenge of an Unequal World*, Bloomsbury Pub Plc USA,（栗林寛幸監訳〔2017〕『健康格差――不平等な世界への挑戦』日本評論社）

Vance,J. D. 2016 , *Hillbilly Elegy: A Memoir of a Family and Culture in Crisis*, William Collins,（関根光宏・山田文訳〔2017〕『ヒルビリー・エレジー――アメリカの繁栄から取り残された白人たち』光文社）

山田昌弘（1999）『パラサイト・シングルの時代』ちくま新書

山田昌弘（2016）『モテる構造』ちくま新書

【参照ＵＲＬ】

ＳＳＭ２０１５の概要・報告書

http://www.l.u-tokyo.ac.jp/2015SSM-PJ/

ＳＳＰ２０１５の概要・報告書

http://ssp.hus.osaka-u.ac.jp/

国立社会保障・人口問題研究所「人口統計資料集」
http://www.ipss.go.jp/syoushika/tohkei/Popular/Popular2017RE.asp?chap=0
厚生労働省「平成28年賃金構造基本統計調査　結果の概況」
http://www.mhlw.go.jp/toukei/itiran/roudou/chingin/kouzou/z2016/index.html
内閣府男女共同参画局「男女共同参画に関する国際的な指数」
http://www.gender.go.jp/international/int_syogaikoku/int_shihyo/index.html
日本学術会議「提言『若者支援政策の拡充に向けて』」
http://www.scj.go.jp/ja/info/kohyo/pdf/kohyo-23-t247-2.pdf
OECD, Skills Outlook 2017: Skills and Global Value Chains, Overview: Skills to seize the benefits of global value chains.
http://dx.doi.org/10.1787/9789264273351-4-en
青少年研究会
http://jysg.jp/
総務省「人口推計（平成28年10月1日現在）」
http://www.stat.go.jp/data/jinsui/2016np/pdf/gaiyou2.pdf
総務省「第47回衆議院議員総選挙における年齢別投票状況」
http://www.soumu.go.jp/main_content/000341053.pdf
統計数理研究所「『日本人の国民性第13次全国調査』の結果のポイント」
http://www.ism.ac.jp/kokuminsei/resources/KS13print.pdf

吉川徹（きっかわとおる）

1966年島根県生まれ。大阪大学大学院人間科学研究科博士課程修了。現在、大阪大学大学院人間科学研究科教授。専門は計量社会学、特に計量社会意識論、学歴社会論。SSPプロジェクト（総格差社会日本を読み解く調査科学）代表。主な著書に『現代日本の「社会の心」』（有斐閣）、『学歴分断社会』（ちくま新書）、『学歴と格差・不平等』（東京大学出版会）、『学歴社会のローカル・トラック』（世界思想社）、『階層・教育と社会意識の形成』（ミネルヴァ書房）、共著に『学歴・競争・人生』（日本図書センター）などがある。

日本《にほん》の分断《ぶんだん》　切《き》り離《はな》される非大卒若者《レッグス》たち

2018年4月30日初版1刷発行
2021年9月20日　　2刷発行

著　者 ── 吉川　徹
発行者 ── 田邉浩司
装　幀 ── アラン・チャン
印刷所 ── 近代美術
製本所 ── フォーネット社
発行所 ── 株式会社光文社
東京都文京区音羽1-16-6（〒112-8011）
https://www.kobunsha.com/
電　話 ── 編集部03（5395）8289　書籍販売部03（5395）8116
業務部03（5395）8125
メール ── sinsyo@kobunsha.com

 ISBN 978-4-334-04351-3

941
素人力
エンタメビジネスのトリック?!
長坂信人

「長坂信人を嫌いだと言う人に会った事がない」——秋元康氏。超個性的なメンバーを束ねる制作会社オフィスクレッシェンド代表による仕事術、経営術とは？ 堤幸彦監督との対談も収録。

978-4-334-04347-6

942
東大生となった君へ
真のエリートへの道
田坂広志

東大卒の半分が失業する時代が来る。その前に何を身につけるべきか？ 高学歴だけでは活躍できない。論理思考と専門知識が価値を失う「人工知能革命」の荒波を、どう越えていくか？

978-4-334-04348-3

943
グルメぎらい
柏井壽

おまかせ料理ではなくお仕着せ料理、味よりもインスタ映え、料理人と馴れ合うブロガー。今のグルメ事情はどこかおかしい——。二十五年以上食を語ってきた著者による、覚悟の書。

978-4-334-04349-0

944
働く女の腹の底
多様化する生き方・考え方
博報堂キャリジョ研

今の働く女性たちは何を考え、どう生きているのか？「キャリア（職業）を持つ女性」＝通称「キャリジョ」を徹底分析。多様化する、現代を生きる女性たちのリアルに迫る。

978-4-334-04350-6

945
日本の分断
切り離される非大卒若者《レッグス》たち
吉川徹

団塊世代の退出後、見えてくるのは新たな分断社会の姿だった——。計量社会学者が最新の社会調査データを元に描き出す近未来の日本。社会を支える現役世代の意識と分断の実態。

978-4-334-04351-3